COMENTANDO LECTURAS TERAPÉUTICAS

JUAN CARLOS MARTÍNEZ BERNAL

Comentando Lecturas Terapéuticas.
Editorial Independiente.
Distribución: Amazon.
México, enero de 2020.
https://bernal27.blogspot.com
www.facebook.com/bernal27
bernal27000@hotmail.com
Crédito de la imagen de portada: C. Eduardo Mendoza Martínez.

DEDICATORIA

A mi madre Margarita, que me enseñó a leer.
A mi padre David, que me fomentó la lectura con su biblioteca.
A los lectores de este y de otros libros.

CONTENIDO

POR QUÉ Y PARA QUÉ ESTE LIBRO

LECTURAS ELEGIDAS
1.- MECANISMOS DE PROTECCIÓN EN EL TRANCE.
2.- MOMENTOS PARA INDUCIR EL CAMBIO.
3.- PENSAMIENTO LENTO Y PENSAMIENTO RÁPIDO.

LECTURAS AL AZAR

ACERCA DEL AUTOR

POR QUÉ Y PARA QUÉ ESTE LIBRO

Leyendo libros, me doy cuenta que hay pasajes claves donde se destilan frases o párrafos donde quisiera yo participar ampliando lo que dice el autor, corrigiéndolo o adaptando eso a los nuevos tiempos, las nuevas tendencias y enfoques.

También, pienso en que esa información será importante para compartirla con los colegas psicólogos y terapeutas, que es lo que estoy haciendo, en forma de libro.

En este libro hay dos grandes grupos de lecturas que comento, por un lado están las lecturas elegida, que de manera conciente seleccioné. Por otro lado, comento lecturas que primeramente por «azar», es decir, concentrándome, pidiendo a La Fuente y dejando que mi mano izquierda se conectara con el Universo para descubrir y posarse en una o dos páginas de cierto libro, lo cual indicará que ahí estará la respuesta a mi solicitud en ese momento.

En cada una de las 51 lecturas se muestra el título de esta y su autor. Al final del libro se señala una ficha de cada lectura: título del libro de donde se extrajo, autor, editorial, año de edición, país de origen, y páginas de referencia.

LECTURAS ELEGIDAS

1.- MECANISMOS DE PROTECCIÓN EN EL TRANCE.

Autoras: Teresa Robles y Cecilia Fabre.

Actualmente utilizo para esto tres mecanismos de protección: la respiración como mecanismo de cambio, palabras «protectoras» entremezcladas y la propuesta de una Parte Sabia que toma en sus manos el trabajo.

Empecé también a hacer como primer ejercicio un trance en el que sugiero que la respiración llega a todas las partes de la persona comunicándolas, limpiando en cada una lo que hay que limpiar, sanando lo que hay que sanar, acomodando lo que hay que acomodar, digiriendo emociones atoradas. Así, de manera indirecta, la respiración empieza a trabajar puntos claves y universales: la comunicación entre las distintas partes de la persona, sanar heridas, digerir emociones, elaborar situaciones pendientes, facilitando el trabajo terapéutico.

Al uso de la respiración agregué la utilización de palabras protectoras que repito, entremezclando. Estas palabras son dos adverbios y dos gerundios: automáticamente, saludablemente, aprendiendo y dusfrutando...son más fáciles de entender por el cerebro derecho.

Regresando a la senda que nunca se ha de volver a pisar, usamos el tiempo pasado para hablar de los problemas y el tiempo presente para referirnos al cambio. Mejor aún el gerundio, que es un presente con movimiento. Las palabras antes y ahora son muy útiles.

Conectarse con la Sabiduría Universal

De acuerdo con el paradigma holográfico, Teresa Robles propone que, si toda la información del Universo se encuentra en cada una de sus partes y yo soy parte del Universo, mi Sabiduría Universal es toda la información del Universo dentro de mí, la misma que dentro de ti, que estás leyendo estas líneas; la misma que en cada gota de agua, en el mar completo, la misma que en un grano de arena, en el sol, la luna, las estrellas y en el Universo Todo.

Pero como es la misma información en cada parte del Universo, en todas, también la llama Sabiduría Universal, y la considera la Fuerza Creadora del Universo y pone el trabajo en sus manos.

Uso de la respiración y comunión con la Sabiduría Universal:

Los pongo en contacto con su respiración y, en este momento, les recuerdo como la respiración deja pasar lo que nos hace bien y deja salir lo que, si se quedara adentro, nos haría daño y les recuerdo que es un mecanismo de transformación automático, en donde el pensamiento y nuestra mente consciente no influyen en el proceso, es uno de tantos mecanismos de nuestra Sabiduría Universal.

Para ese momento ya estamos conectados con nuestra Sabiduría Universal, así que simplemente pedimos que se manifieste; les pido a todos que la imaginen o, simplemente, dejen que aparezca en su imaginación; me aseguro de que cada uno ya está imaginándola, sintiéndola o percibiéndola de alguna manera y en seguida, les pido que se pongan en sus manos.

Para hacerlo:

a. Cada uno le pide que tome lo que está bien tomar para sí mismo, le enseñe lo que tenga que aprender y digiera las emociones que necesite digerir, para lograr su bienestar el día de hoy

b. Visualizamos a la persona que puso el tema y, desde el corazón, con mucho respeto y humildad, nos ponemos al servicio de ella, como simples facilitadores, sin juicios; le agradecemos que con su tema, ella esté también a nuestro servicio, ayudándonos a crecer y a aprender lo que nos corresponde en este momento de la vida. Tomamos toda esa consciencia.

Abrimos los ojos con una respiración diferente y llamo al participante a mi lado.

La persona regresa a su lugar y el terapeuta hace un trance grupal, en donde pide a los participantes que cierren sus ojos y se pongan en contacto con la imagen de la Sabiduría Universal que tuvieron al principio, que le agradezcan el aprendizaje de este momento y les permita digerir todo lo que es importante digerir de lo contactado consciente e inconscientemente, para estar mejor a partir de este momento, dejando fuera lo que no necesitan y aprendiendo lo que es importante para cada quien.

Una segunda parte del ejercicio consiste en agradecer a la persona lo que nos enseñó a través de su tema y su constelación y, a la vez, esa persona agradece al grupo su servicio. Dejamos todos los procesos que ahí se iniciaron en manos de la Sabiduría Universal y abrimos los ojos.

*Comentario:

Los mecanismos de protección en muchos tipos de terapia también incluyen:

A.- Brindar un «lugar seguro» al consultante, entendiéndose este como un anclaje relajante que se activaría cuando el consultante se sintiera rebasado o estuviera en una abreacción. Además de que se cuidarán las condiciones para que al final de la sesión el consultante se retire alerta para evitarle las posibilidades de un accidente.

B.- Que el psicólogo/terapeuta se proteja con sus mecanismos propios, desde su enfoque favorito, tanto terapéutico como espiritual.

2.- MOMENTOS PARA INDUCIR EL CAMBIO

AUTORA: Cecilia Fabre.

Como te decía, para Erickson, es en el momento en el que estamos en un Estado Amplificado De Consciencia, cuando entendemos las cosas de una manera diferente, no racionalmente, pero que nos hace cambiar radicalmente; para Teresa Robles, sería el momento en que accedemos a la Sabiduría Universal y para Hellinger es cuando podemos entrar en contacto con el Centro Vacío que nos permite la conexión con *Geist*, que es la sabiduría de todo el Universo, o el Alma Mayor.

Así, en un momento dado dentro de un periodo de 60 a 90 minutos, el cerebro categórico (dominante) cede el cargo de manera natural al cerebro representacional (no dominante), con lo que la mente lógica deja el cargo a la mente creativa, holística y atemporal. A este ciclo por su frecuencia (más de doce veces), en un lapso de 24 horas, se le llama ultradiano y se le considera el marco biológico para los estados alternos de conciencia (trance hipnótico). El Dr. Milton Erickson solía tener largas sesiones terapéuticas, que en ocasiones llegaban a ser de tres horas, durante las cuales el sujeto invariablemente entraba de manera natural en una alternancia de actividad cortical con predominio del cerebro representacional, situación que él utilizaba magistralmente para una inducción natural o una mayor profundización del trance hipnótico y no es que el sujeto no esté en condiciones de entrar en trance en otros momentos, sino que en esta situación el sujeto recibe gustoso la oportunidad de entrar en un estado alterno de conciencia con mayor disposición que en cualquier otro.

Cuando el paciente se queja de un afecto: angustia, miedo, depresión, o un dolor, se puede inducir el trance pidiéndole que describa minuciosamente cómo percibe el afecto o el dolor en el cuerpo. A la mayor parte de las personas les resulta difícil hacer esto, por lo que es útil interrogarlas para que detallen más y más lo que sienten, cada vez que contesten con alguna abstracción.

*Comentario:

Teresa Robles dice que el solo hecho de focalizar la atención en sentir la respiración mediante un ritmo relaja e incluso induce un estado de trance.

Ernest Rossi, uno de los mejores estudiosos de Milton Erickson, en su libro «20 minutos de pausa» (1993) menciona que después de varios años descubrió en sus investigaciones que hay ritmos ultradianos, aproximadamente cada 90 ó 120 minutos (es decir, que cada día tenemos entre 12 y 16 de esos ciclos), y cuya duración de 20 minutos los hacen muy valiosos para ser susceptible de inducción al trance o que el individuo entre naturalmente en ese estado. A esos más o menos 20 minutos, Rossi les llama Respuesta Regenerativa Ultradiana, cuya función es curativa de la Naturaleza, y que se puede identificar mediante algunas de las siguientes características:

1.-Reconocer las señales: Deseos de estirarte o de soltar los músculos; bostezar o suspirar de un modo descansado; sentirl deseo de un aperitivo o hidratación; un moderado deseo de orinar; darte cuenta que tu rendimiento externo y atención vna disminuyendo, mientras tu regeneración interna va aumentando; tener fantasías agradables o sensaciones de ligera excitación sexual; sentir confort emocional; deseos de una siesta; distraerse recordando buenos momentos personales.

2.-Acceder a la respiración profunda, ensueño (‹sueño despierto') o a una meditación, en un lugar con la menor cantidad de distracciones, estando relajado y en pausa, para aprovechar al máximo el ciclo ultradiano y no caer en el Estrés Ultradiano, que es cuando no se sabe experimentar ese ciclo.

3.-Hay una cascada de recuerdos, fantasías, sentimientos y pensamientos, mayormente de confort y positivas que buscan regenerar el cuerpo-mente.

4.-Este ciclo ultradiano finaliza con la sensación de claridad y serenidad de haberse regenerado y se experimenta como un bienestar para seguir adelante con las actividades que se habían dejado pendientes.

3.- PENSAMIENTO LENTO Y PENSAMIENTO RÁPIDO.

Autor: Carl Honoré

Los expertos creen que el cerebro tiene dos formas de pensamiento, En su obra *Cerebro de liebre, mente de tortuga: por qué aumenta nuestra inteligencia cuando pensamos menos*, el psicólogo británico Guy Claxton llama a esas formas *fast thinking o slow thinking*, o pensamiento rápido y pensamiento lento. El primero es racional, analítico, lineal y lógico. Es lo que hacemos bajo presión, cuando el reloj hace tic tac; es la manera de pensar de los ordenadores, la manera en que funciona el lugar de trabajo moderno, y aporta soluciones claras a problemas bien definidos. En cambio, el pensamiento lento es intuitivo, borroso y creativo. Es lo que hacemos cuando desaparece la presión y tenemos tiempo para dejar que las ideas ardan a fuego lento y a su ritmo en el fondo de la mente. Aporta unas percepciones abundantes y sutiles. Las exploraciones demuestran que cada una de estas formas de pensamiento produce ondas distintas en el cerebro: ondas alfa y zeta más lentas durante el pensamiento lento, beta más rápidas durante el pensamiento rápido.

*Comentario:

Carl Honoré forma parte de todo un movimiento que elogian y practican la lentitud de acciones y pensamientos. Priorizan el uso del hemisferio derecho, que tan poco es utilizado por la sociedad de las últimas décadas. Hace un llamado a desacelerar el cuerpo y la mente, para disfrutar y rendir más en la vida.

4.- EL VACÍO, ASENTIR, CENTRARSE, LA APERTURA

AUTOR: Bert Hellinger

¿Cómo logramos la sintonía con aquel Espíritu que le permite al espíritu humano participar de su fuerza creadora y de su saber creador? Através del vacío.

ASENTIR Y SOLTAR

¿Qué significa aquí vacío? ¿Cuál es el proceso interno que lleva a ese vacío y cómo se siente? Muy al contrario de las imágenes que relacionamos con el vacío, logramos aquel vacío que lleva a la sintonía con el espíritu creador asintiendo totalmente a todo lo que es y a todo tal cual es. ¿Y por qué? Porque ese espíritu es la fuerza creadora original que todo lo impregna. A través de ese asentimiento nos colmamos de todo lo que ese espíritu crea, ordena y anima. Y así, a través del asentimiento al todo tal como es, logramos tanto la plenitud como el vacío. Porque sólo podemos asentir totalmente cuando soltamos lo propio en gran medida. Sin embargo, al soltarlo no nos vaciamos, al contrario. Dado que a lo que es no le enfrentamos nada propio, nos vaciamos para la plenitud y nos volvemos uno con la fuerza que lo mueve. El vacío y la plenitud se condicionan mutuamente.

CENTRARSE

Ese proceso lo vivenciamos como recogimiento. Al centrarnos nos retiramos, y al mismo tiempo nos abrimos a algo que está más allá de lo que se encuentra en un primer plano. Eso sí, sin actuar. Por un lado, la actitud centrada está desligada de todo lo que podría distraer; por otro lado, está orientada, pero sin pasar a la acción. Centrarse es detenerse después de la acción y al mismo tiempo antes de la acción. La persona centrada espera hasta que otra cosa actúe, aquello hacia lo que está orientada en su actitud centrada. Espera hasta que actúe a través de ella y ella misma sólo actúa porque eso otro actúa y solamente mientras eso actúa.

LA APERTURA

Así pues, el nuevo entendimiento a través del camino fenomenológico de entendimiento presupone el vacío y la noche de los sentidos y del espíritu. También presupone la noche de la voluntad, sin anhelo y sin temor, es decir que presupone asentir a las consecuencias de este entendimiento, por ejemplo a las resistencias y los hostigamientos que resulten del mismo. Por esa razón actúa sin necesidad de ser explicado. No requiere pruebas...es un entendimiento creativo que pone en movimiento algo que ya no es posible detener. No permite ser delimitado por conceptos rígidos ni por ninguna teoría, ya que continuamente las supera.

Desde el trasfondo oculto de los fenómenos, de pronto algo sale a la luz como un rayo y nos muestra qué hay que hacer, y de inmediato. Lo vivimos como proviniendo de afuera, a pesar de que se muestra en el interior. Si obedecemos, tiene un efecto tanto en nosotros como en las otras personas expuestas a ello. Otra cosa actúa a tarvés de nosotros.

Lo que se muestra en ese camino del entendimiento es que, por ser creativo, jamás es perfecto, jamás es definitivo, jamás es verdad pura. Porque a ese paso le sigue el próximo. También antes de dar este paso uno espera, permanece en el vacío, hasta que se nos permita echar un vistazo en la dirección hacia lo que debemos dirigirlo.

El próximo paso siempre consiste en que, después de actuar de inmediato, nos retiramos y cedemos el campo a la fuerza creativa de origen. Retornamos al vacío, abiertos para el próximo vistazo y el próximo impulso.

*Comentario:

Hellinger insiste que hay que entrar a un estado de vacío pleno, primeramente asintiendo y soltando los deseos y prejuicios, abriendo la mente y el espíritu a algo más grande que provendrá del Alma familiar del consultante. Esperamos centrados recogidos en una actitud de recibir los fenómenos, que nunca serán exactamente iguales.

Esto es lo que hay en un constelador y en quien quiera aplicar el método fenomenológico.

5.- DOBLE VÍNCULO: ¿POSITIVO O NEGATIVO?

Autora: Teresa Robles.

Entre el delfín y el entrenador existe una relación cercana y cariñosa y el delfín aprende que haga lo que haga (responda o no a las indicaciones, repita bien los trucos o no), el entrenador lo sigue queriendo y lo premia con trocitos de pescado. Es una relación al revés que el Doble Vínculo, ya que siempre hay premio en lugar de castigo y en vez de la amenaza de abandono está la certeza de la permanencia del otro, con cercanía.

Esos delfines, si hacen una cosa, les va bien, reciben premios; si hacen la contraria, también; y si no hacen nada, igualmente bien. Sus entrenadores, saben que este tipo de relación promueve en sus animales el aprendizaje e incluso la creación de nuevos trucos que no les habían enseñado.

A medida que las personas me cuentan sus historias sin salida, les muestro cómo hagan lo que hagan todo sale mal, y de pronto comento que es como si todo estuviera al revés, y cuando asienten, continúo: "como un calcetín al revés". La alusión a este elemento un poco extraño es una preparación para el trabajo que voy a hacer y a la vez produce confusión e induce un momento de trance que aprovecho para seguir diciendo:

Es como estar en un laberinto en donde si vas por un lado, te caes a un agujero, si abres una puerta, te cae una cubetada de agua, si tratas de operar algún mecanismo, sale un tronco y te pega, sabes que si te arriesgas por cualquier camino puedes encontrar cosas que lastimen y si no te mueves de ahí, se abre el piso y te caes... —cuando asienten, continúo—. Cierra los ojos, imagínate que estás adentro de ese laberinto y fíjate cómo es, fíjate si está oscuro o iluminado, siente la temperatura que hay ahí sobre tu piel, observa si alcanzas a distinguir colores o formas, tal vez olores, escucha los sonidos o el silencio que hay en ese lugar, siente la textura de las paredes, fíjate en qué tipo de piso estás parado, parada...

Cuando ya están metidos en el laberinto, lo hayan descrito o no, les digo de repente:

Rápido, rápido, mete la mano hasta el fondo y voltea el calcetín, rápido, agarra el fondo y voltéalo al derecho...

Insisto, hasta que hacen ese movimiento y entonces continúo:

Fíjate ahora cómo *todo cambió*, ahora, tomes el camino que tomes, hagas lo que hagas o aunque no hagas nada, *todo sale bien* ¿Ya te diste cuenta cómo todo cambió? Estás aprendiendo a ver el lado bueno de la vida, estás *aprendiendo inconscientemente* y conscientemente a *disfrutarlo, saludablemente, protegidamente*, quédate ahí un momento *disfrutando* cómo es estar e ir *libremente* por cualquier camino sabiendo que hagas lo que hagas está bien, y cuando sientas que ya fue suficiente, haz una respiración profunda y abre tus ojos, para que sigamos comentando sobre cómo te sucedía antes.

Cuando abren los ojos casi siempre me cuentan que el laberinto desapareció y se encontraron de repente en un paisaje tranquilo y agradable.

Voltear el calcetín que estaba al revés es la primera receta, pero no es suficiente porque las personas que aprendieron este tipo de comunicación se continúan relacionando con otras: padres, parejas, que no han cambiado y seguirán intentando, obviamente sin mala intención, meterlos en callejones sin salida. De eso también hablamos y les propongo que, puesto que hagan lo que hagan a los otros les va a parecer mal, les contesten con una frase mágica: ¡Ni modo!

"Ni modo" tiene que ver con aceptar que no vamos a cumplir las demandas de los otros, con los libretos impuestos, a pesar de todas las amenazas.

*Comentario:

He visto cómo los integrantes de equipos de básquetbol, sobre todo los estadounidenses, usan como estrategia chocar las manos, independientemente de que un jugador enceste o falle el tiro de media distancia cuando les cometieron una falta. Y les funciona, reciben el apoyo más allá de su puntería. El terapeuta, por su parte, tiene la oportunidad en dado momento, de ofrecer alternativas a su consultante, y cualquiera de ellas lo vinculará con el objetivo a lograr (positivo y acorde al proceso, obviamente).

6.- SUICIDAS, LA PERSPECTIVA INTERACCIONAL POCO ATENDIDA.

Autores: Diana Sullivan y Luis Everstine.

«En conclusión, los autores creen que la presencia de la depresión es una causa insuficiente de la conducta suicida. De hecho, este sentimiento puede o no ser el antecedente del acto en sí. Aunque un proceso intrapsíquico es desde luego un factor en la motivación suicida, es probable encontrar el origen del impulso en una o más de las relaciones de la persona con otros. Para impedir que este impulso se convierta en acción, se aconseja al terapeuta concentrarse en las relaciones significativas del cliente suicida. Un elemento fundamental de este enfoque es la identificación de la «víctima prospecto» del suicidio. En resumen, su tarea -del terapeuta- es encontrar una cierta persona marcada para una tragedia potencial».

*Comentario:

Poco se habla de la perspectiva interaccional en las personas que cometen suicidio o intentos de este. Suele hablarse más de factores individuales.

En el enfoque de Constelaciones Familiares, esta interacción entre la persona suicida y su víctima prospecto crearán un lazo de perpetrador-víctima, donde intercambiarán los papeles según el ángulo en que se les vea.

¿El suicida que murió se consideraba víctima de alguien? (¿pareja, madre, padre, hermano, amigo, amante?). El vínculo que lo impulsó a morir estaba con una persona que después del suicidio de su vinculado podría quedar como víctima por lo generado: duelo, sentimiento de culpabilidad, estrés postraumático, depresión, entre otros.

¿El suicida que murió se consideraba perpetrador de algo o de alguien?

¿Qué revela la autopsia psicológica de su habitación, de su casa, de su relación de pareja, de su ideología o discurso, de su salud, de su vida en los últimos meses?

¿Qué proyecta el potencial suicida en dibujos y escritos, en lo verbal, no verbal y lo paraverbal?

¿El potencial suicida ha tomado la vida de sus padres biológicos y/o de sus padres adoptivos?

¿El potencial suicida está en una dinámica oculta de ‹te sigo› o ‹mejor yo que tú›?

¿El potencial suicida ya asintió al destino y se retiró con respeto, amor y recibió la bendición del familiar-ancestro fallecido con el que se siente identificado-vinculado?

¿El potencial suicida presenta rasgos de personalidad límite-borderline o histriónica?

Como atinadamente mencionan los autores, en ocasiones el sujeto interaccional del suicida puede ser alguien o algo del pasado, desde una persona muerta hasta un fantasma, desde un artista inalcanzable hasta un «enamoramiento» de alguien por el que no se es correspondido.

Volviendo a la relación entre (potencial) suicida y «víctima prospecto», aquí se pueden entablar estrategias de Constelaciones Familiares (grupal o individual), Terapia Gestalt con sillas, abordar el proceso del perdón, entre otros. Esto, tanto para el potencial suicida como para el sujeto interaccional o alguien cercano que haya sido afectado en este vínculo.

7.- INTROYECCIÓN RELACIONADA CON LA PROYECCIÓN

Autor: A. Moreau.

La introyección precede muchas veces a la proyección: se proyecta lo que se ha introyectado de antemano. Estas dos resistencias están muy juntas y, en la terapia, se trabajan generalmente en conjunto.

*Comentario: La toma de conciencia o figura se interpone entre las resistencias de introyección y proyección, y si facilitamos que el consultante las tome como asistencias podrá movilizar su energía para la acción en el ciclo de su necesidad Gestalt.

Se proyecta lo que se se ha introyectado. Vivimos en un mundo donde por haber introyectado «basura», se proyecta «basura». Esta basura son las torcidas vivencias y creencias sobre la violencia, los traumas, los deberías, el sexo, el amor, la familia, y un kilométrico etcétera. Esto dificulta la movilización o flujo de energía para la continuación del Ciclo Gestalt.

Cuando en el Ciclo Gestalt se habla de energía se está refiriendo a una cadena de tres elementos principales, en este orden: sensación, percepción y emoción. Desde el estímulo sentido, luego percibido, para lograr hacer contacto emocional, y finalmente retornar a un estado disponible para otro Ciclo.

8.- NORMAS GRUPALES

Autor: Francisco Peñarrubia.

Una parte importantísima, esencial, diría yo, de la comprensión del proceso grupal consiste en la observación del tipo de normas que se desarrollan en el grupo, cómo se configuraron y su nivel de explicitación.

El problema ocurre con las normas implícitas, aquellas no consensuadas conscientemente y que sin embargo están incidiendo en la cultura grupal.

*Comentario:

Coincido con Peñarrubia, «las otras reglas» afectan al grupo, por lo que es necesario conocerlas y poderlas integrar para manejar más adecuadamente a un grupo. Por ejemplo, en el medio penitenciario, que es uno de los entornos donde más he desarrollado mi carrera profesional, es común que las «reglas de los presos» y las «reglas del Centro penitenciario» en varios momentos se confronten con las «reglas del grupo terapéutico». Por lo que he tenido que ir conociendo e integrando los tres tipos de reglas que inciden en cada persona privada legalmente de su libertad. En el grupo terapéutico, prevalecerán las reglas terapéuticas, excepto cuando se suscite un hecho violento, momento en el cual entra en acción el reglamento del Centro penitenciario. Y las «reglas entre presos» se respetan, aunque no regirán en el grupo terapéutico.

9.- EL FUTURO DE NUESTRA MENTE

Autor: Dr. Michio Kaku.

Cuando entrevisté al doctor Michael Gazzaniga, de la Universidad de California en Santa Bárbara, una autoridad en pacientes con cerebro dividido, le pregunté qué experimentos podían realizarse para demostrar esta teoría. Existen diversas maneras de comunicarse por separado con cada hemisferio sin que el otro tenga conocimiento de ello. Es posible, por ejemplo, hacer que el sujeto lleve una gafas especiales en las que se le muestran preguntas a cada ojo por separado, de manera que es sencillo hacerle preguntas a cada hemisferio. Lo difícil es tratar de conseguir una respuesta de cada hemisferio. Puesto que el derecho no puede hablar (los centros del habla están situados únicamente en el izquierdo), es difícil obtener respuestas de él. El doctor Gazzaniga me contó que, para averiguar lo que el hemisferio derecho estaba pensando, había ideado un experimento en el que el (mudo) hemisferio derecho podía «hablar» utilizando letras del Scrabble.

Empezó preguntándole al hemisferio izquierdo del paciente qué haría tras la graduación. El paciente respondió que quería hacerse dibujante. Pero la cosa se puso interesante cuando le hizo la misma pregunta al (mudo) hemisferio derecho. Este deletreó las palabras «piloto de carreras».

Sin que el dominante hemisferio izquierdo lo supiese, el derecho tenía unos planes de futuro completamente distintos. El hemisferio derecho tenía literalmente ideas propias.

Rita Carter escribe: «Las repercusiones que esto puede tener son alucinantes. Da a entender que todos podríamos llevar en nuestro cráneo un prisionero mudo con una personalidad, ambición y conciencia de sí mismo muy diferentes de la entidad que creemos ser en nuestro día a día».

Puede que haya algo de verdad en una frase que se escucha a menudo: «En su interior hay alguien luchando por liberarse». Esto significa que los dos hemisferios podrían incluso tener distintas creencias. Por ejemplo, el neurólogo V. S. Ramachandran describe a un paciente con cerebro dividido que, cuando se le preguntó si era creyente o no, dijo que era ateo, aunque su hemisferio derecho se declaró creyente. Ramachandran continúa diciendo: «¿Qué pasará cuando esa persona se muera? ¿Un hemisferio irá al cielo y el otro al infierno? Yo no sé cuál es la respuesta».

*Comentario:
Michio Kaku, que cada vez sorprende a propios y extraños con sus declaraciones atrevidas en los últimos años, ha escrito un libro sobre la evolución de la mente que, sin exagerar, es candidato a ser tomado en cuenta como libro didáctico, así como se contempló en su momento el libro de Carl Sagan «Los Dragones del Edén». El hemisferio derecho lo hacemos «hablar» en terapia a través de manualidades, sobre todo de la mano izquierda: dibujos, elaboraciones con plastilina, cogimiento de una pelota u objeto, movimientos y señales, incluso en señales de respuesta a test kinestésico de verificación muscular.
Ambos hemisferios son polares en sus funciones, por lo que hay que integrarlos al final de la sesión, del objetivo y del proceso.

10.- NUESTRA CARA OCULTA

Autor: Enrique Martínez Lozano.

Génesis de la sombra, fractura del yo

¿Podrías poner algunos ejemplos que ayuden a comprender, en concreto, el proceso de construcción de la sombra y nos preparen a entender también su funcionamiento?

Ahí van; espero que sean clarificadores. Imagina a una persona que, a partir de sus propias reacciones de dureza y de distanciamiento de lo que ella juzga como «empalagoso», llega a descubrir que, en realidad, lo que está haciendo es rechazar la ternura de su vida; es decir, la ternura forma parte de su sombra (blanca, en este caso). Detrás de todo eso, hay una historia en la que al niño no se le posibilitó la manifestación de la ternura ni recibió tampoco muestras (corporales) de la misma; más aún, se le enseñó a ser «fuerte» y se le hizo ver que la manifestación de determinados sentimientos no era propio de hombres. Más tarde, recibió una educación rígida, que le hacía desconfiar del mundo de los afectos. Tanto por lo que sufrió como por lo que «aprendió», para construirse un yo social aceptable, relegó de su vida la ternura y hoy descubre que se prohibe, a veces contra su deseo, recibirla y expresarla. Teme, de un modo inconsciente, que si quita su máscara, aparezca su sombra como algo absolutamente reprochable —así lo aprendió—, caiga el ego construido con tanto esfuerzo y pierda el reconocimiento y la aprobación de los otros. Para poder salir de ese círculo nefasto, como tendremos ocasión de ver más adelante en detalle, será preciso que pueda apoyarse en su Ser y, desde la humildad, acepte su «yo tierno», que ha permanecido relegado en la sombra, e inicie todo un proceso de reconciliación con él.

El proceso es similar cuando se trata de elementos que pertenecen a la sombra negra. Si el niño ha sufrido por sentirse insignificante, sin importancia ante sus personas importantes, puede relegar a la sombra ese sentimiento agudamente doloroso, construyéndose un ego marcado por la exigencia de ser el primero, sobresalir por encima de todos, destacar más que nadie... Habiendo enviado a la sombra todo aquello que pudiera mostrarle como «menos», hoy, en cuanto algo o alguien le insinúe cualquier cosa que él perciba relacionada con aquel sentimiento, se sublevará: su ego se verá atacado; siente amenazada su «omnipotencia» y su imagen de «importante». Sin la máscara de su «importancia», se vería desnudo y despreciable —por eso la construyó—, y se abriría ante él la experiencia insoportable del sufrimiento primero. Mientras no sea consciente de la oscuridad (eso significa también la sombra) en que vive, su ego se manifestará creyéndose más que nadie, en un permanente mecanismo de comparación, donde su aparente y celosamente protegida superioridad esconde y protege, en realidad, un muy doloroso sentimiento real de inferioridad.

También en este caso, la reconciliación habrá de venir por el otro lado: aceptando y dialogando con su «yo insignificante», en una experiencia que, al principio, tiene todos los visos de ser un descenso al infierno interior, pero que en realidad es el comienzo de la liberación, al aproximarse al propio Ser. Lo que acabo de decir es válido para cualquier elemento que forme parte de la sombra. Se trata de identificarlo con la mayor exactitud posible (yo agresivo, yo furioso, yo relegado, yo ignorante, yo creador, yo brillante...) para iniciar el proceso de reconciliación con él.

*Comentario:

Uno de los mejores libros que he leído sobre la integración de la sombra. Me llama la atención que enfatice sobre la «sombra blanca», esa sombra de cualidades que hay en nosotros y que a veces no nos detenemos a desenterrar, porque se suele poner más atención en la «sombra negra» o los defectos propios que no queremos ver.

11.- COMO PARA RESPIRAR

Autores: Jaume Soler y Mercé Conangla.

Cierta vez un hombre decidió consultar a un sabio sobre sus problemas. Después de un largo viaje hasta el paraje donde aquel Maestro vivía, el hombre, finalmente, pudo dar con él:

—Maestro, vengo a usted porque estoy desesperado. Todo me sale mal y no sé qué más puedo hacer para salir adelante.

El sabio le contestó:

—Puedo ayudarte con esto. ¿Sabes remar?

Un poco confundido, el hombre contestó que sí. Entonces el maestro lo acompañó hasta el borde de un lago. Juntos subieron a un bote y el sabio le dijo al hombre que remase hasta el centro del mismo.

—¿Va a explicarme ahora cómo mejorar mi vida? —dijo el hombre, advirtiendo que el anciano gozaba del viaje sin más preocupaciones.

—Sigue, sigue —dijo éste—, que debemos llegar al centro mismo del lago.

Al llegar al centro exacto del lago, el maestro le dijo:

—Arrima tu cara todo lo que puedas al agua y dime qué ves.

El hombre pasó casi todo su cuerpo por encima de la borda del pequeño bote y tratando de no perder el equilibrio acercó su rostro todo lo que pudo, aunque sin entender mucho para qué estaba haciendo esto.

De repente, el anciano le empujó y el hombre cayó al agua. Al intentar salir, el sabio le sujetó la cabeza con ambas manos e impidió que saliera a la superficie. Desesperado, el hombre manoteó, pataleó, gritó inútilmente bajo el agua. Cuando estaba a punto de morir ahogado, el sabio lo soltó y le permitió subir a la superficie y luego al bote. Una vez en el bote, entre toses y ahogos, el hombre le gritó:

— ¿Está usted loco? ¿No se da cuenta de que casi me ahoga?

Con el rostro tranquilo, el maestro le preguntó:

—Cuando estabas bajo el agua, ¿en qué pensabas?, ¿qué era lo que más deseabas en ese momento?

—¡Respirar, por supuesto!

—Bien, pues cuando luches para salir adelante con la misma vehemencia con la que pensabas, en ese momento, respirar, entonces estarás preparado para triunfar.

*Comentario:

El alumno espera una respuesta con manzanas, y el Maestro le responde con huevos de avestruz. La respuesta no fue un discurso dominguero, fue que experimentara lo básico de sí mismo, lo que por cierto dejamos de lado. La sobrevivencia pasa por el respirar, y este automatismo lo olvidamos, cuando ahí está el principio de la meditación, de la vida, de la muerte, de la experiencia de nuestra realidad. ¿Qué pasa si estamos al borde la muerte con la respiración? ¿Qué pasa si modificamos nuestros ritmos de respiración? Antes de dar el primer paso estaré presente en ser conciente de mis pies, del camino en el que estoy, del sentido en el que voy.

12.- RESPIRACIÓN Y TRAUMA

Autora: Luz Rodríguez.

¿Qué se debe tomar en cuenta para el abordaje del trauma?

La respiración: está directamente relacionada con la regulación de la energía y la activación fisiológica. Las personas traumatizadas suelen presentar hiperventilación o hipoventilación. Es recomendable hacerse consciente del tipo de respiración que se tiene e ir haciendo pequeñas modificaciones.

*Comentario:

Luz Rodríguez, gran observadora del cuerpo humano, sabe que la respiración es un aspecto importante en lo traumático.

Y en efecto, a través de la hiperventilación o la hipoventilación, una persona puede tener una regresión a un evento traumático de su vida. Esto lo saben los terapeutas y lo aplican solamente cuando lo saben manejar.

13.- POLARIDAD DE SENSACIONES

Autor: Gabriel Guerrero.

Una joven me preguntó si esto funcionaría para un temor que tenía en ese momento: Subirse a un taxi. Nos contó la experiencia horrible que había vivido recientemente en un taxi hasta el punto en que ya mostraba físicamente la respuesta de terror.

La interrumpí y le pedí que tomara una respiración profunda y que cerrara sus ojos.

"Ahora...Te voy a pedir que ubiques esa sensación desagradable por última vez...Tómala con tus manos". En ese momento yo tomé sus muñecas para ayudarle. "Inhala profundamente. ..y prepárate para sacar esta sensación de tu cuerpo...Ahora, exhala con fuerza y saca con tus manos la sensación del cuerpo y mantenla frente a ti".

Yo le ayudé con un movimiento firme a extender sus brazos y mantuve sus manos de tal forma que sus palmas estuvieran una frente a otra como sosteniendo una pelota frente a ella.

"Eso es, muy bien...Ahora te voy a pedir con la sensación fuera de tu cuerpo...que te des cuenta en qué dirección está girando".

Toda sensación gira para mantenerse, así como todo el universo gira. Los electrones giran, los átomos giran, el planeta gira, el sistema solar gira, la galaxia gira... Todo gira en el universo.

Una vez que ella ubicó cómo giraba esa desagradable sensación, le dije:

"Toma esa sensación y voltéala...haz que gire en la dirección opuesta...¿Qué es lo opuesto a lo que habías estado sintiendo?...Eso es, muy bien...En un momento vamos a meter en tu cuerpo esta nueva sensación...Esta sensación que gira en dirección opuesta a lo que habías estado sintiendo".

Le pedí que inhalara y exhalara porque en la siguiente inhalación meteríamos la sensación al cuerpo.

-¿Lista? Eso es...Inhala y mete esta sensación a tu cuerpo.".

o Con un movimiento firme llevé sus manos a su plexo y dije:

"Percibe esta sensación agradable y diferente a lo que habías sentido. Mientras piensas en subirte a un taxi sintiéndote bien esta vez.....E imagina cómo desde la parte alta de tu cabeza...Desde tu coronilla, entra una luz muy blanca...la luz más blanca que te puedas imaginar...que te limpia y te llena de paz. "Una luz blanca que baja y te va llenando de luz...que va limpiando - todo aquello que necesitabas limpiar...que llega hasta el piso y deja en la tierra todo aquello que tú ya no necesitas...Eso es, muy bien...y en un momento más regresarás completamente a este tiempo y este espacio en el universo...y te sentirás muy bien".

Al concluir esta intervención, ella se sentía muy tranquila y podía pensar en subirse a un taxi, y lo más importante lo podía hacer sin accesar el temor que solía accesar antes. Recordaba lo que había sucedido, lo cual es algo inteligente, porque es conveniente que tenga precaución al subirse a un taxi en una ciudad como la de México.

Esta intervención tiene varias piezas importantes. Una que resulta obvia es el manejo del lenguaje para inducir una respuesta.

o Otra pieza importante es hacer que el cliente físicamente haga los movimientos de sacas y después de meter las sensaciones.

o Son mejores los movimientos firmes y rápidos para este trabajo. Y conviene coordinar lá entrada y salida con la respiración.

Muy importante es invertir el giro, hacer que la rotación de la sensación sea la inversa a la original. En el caso de que la persona no pueda ubicar esta rotación es muy importante que el movimiento de invertir o voltear la sensación sea de acuerdo a lo que ella perciba o intuya que será lo opuesto.

Estamos buscando la polaridad opuesta y esta se encuentra en la rotación. Todo en el universo tiene carga positiva y negativa...Es decir, tiene su contra parte para mantenerse y existir: así que si algo nos hace sentir mal, debe existir la contraparte que nos haga sentir bien. Cuestión de polaridades.

"Por último, al hacer este trabajo también estoy transmutando la energía. Para lo cual debo estar en un estado adecuado y poderoso.

Los pasos de esta intervención fueron:

1.-Ubicar la sensación en el cuerpo.

2.-Sacar la sensación del cuerpo con un movimiento físico firme y rápido. Coordina sacar la sensación con exhalar con fuerza.

3.-Invierte la dirección en que está girando la sensación o voltea la sensación. Hazlo con un movimiento físico.

4.-Mete la nueva sensación al cuerpo con un movimiento físico.

5.-Ajuste a futuro.

Nota: Si la nueva sensación que metiste, no es mejor a la original vuélvela a sacar y cámbiala otra vez.

*Comentario: Esta técnica de Gabriel Guerrero me recuerda a lo que hace Alejandro Jodorowsky con su psicochamanismo, cuando este hace movimientos en el «cuerpo energético» (pocos centímetros encima del cuerpo físico) del consultante, con movimientos firmes, seguros, y poderosos, además de incluir Jodorowsky movimientos «curativos».

14.- NIVEL DE SENSUALIDAD

Autor: Helmut Krusche.

Hoy vas a experimentar el nivel de sensualidad. Sensualidad es todo lo que tiene que ver con tus sentidos. Algunas personas viven casi toda su vida en este nivel, anhelando constantemente las experiencias sensuales: comida, coches rápidos, sexo...y muchas cosas más. Mira el espejo. ¿Cómo has vivido tú tu sensualidad?

Ella se estremeció. Se vio embutiéndose la comida sin realizar ninguna elección, de forma desmedida, para a continuación o vomitarla. Se vio con hombres para los que ella no era más que un objeto sexual, sin ternura ni amor. O participaba del juego o era abandonada. Ella no tenía la más minima importancia. La sensualidad era repugnante, repulsiva.

-Aquí está la otra cara del espejo.

Un ligero temblor le recorrió el cuerpo. Sintió la ternura de una mano suave; ella misma disfrutó de su propia ternura. Entregó o sus sentimientos con profusión, pues todo era cariño y bondad. Después se vio a sí misma sentándose a la mesa, deseosa de saborear. Le pusieron la comida y eligió lo que quería comer. Paró en el momento en que se sintió satisfecha. La sensualidad podía ser maravillosa. Helmut Krusche

*Comentario:

La mente sensual es la sensación en la primera etapa del Ciclo Gestalt. Sensual se refiere al uso de los sentidos, a la conexión que hay entre los estímulos y los sentidos que tenemos como humanos, que según un reporte pudieran ser hasta 33:

https://noticias.universia.es/ciencia-tecnologia/
noticia/2017/04/20/1151578/podriamos-tener-33-sentidos-
segun-neurociencia.html
Hay personas que aspiran a ser sensuales, en el aspecto sexual y de atracción. Es frecuente que muchas personas no funcionen en este nivel y crean que es lo único que vale la pena experimentar, eso material que sus sentidos captan en el placer o en el dolor. No se dan cuenta que es el inicio de un trayecto hacia su contacto interior. Detenerse a experimentar y hacer vivir plenamente los sentidos es la ruta hacia el darse cuenta.

15.- EL PROCEDIMIENTO DE PAZ PERSONAL

Autor: Gary Craig.

En el tutorial on-line que hay en mi sitio web www.EFTUniverse.com , describo el Procedimiento de Paz Personal. Es un ejercicio sencillo que te puede ayudar a solucionar temáticas emocionales, una a una. Dicho ejercicio es especialmente útil si tienes dificultades en encontrar la raíz misma de estos asuntos emocionales, o simplemente si quieres algo sobre qué hacer tapping a diario. Aunque no estés enfocando el asunto raíz de un problema específico, podrás eliminar una gran cantidad de emociones no resueltas en un corto periodo de tiempo. Este es un enfoque distinto al de tratar solamente los temas que contribuyen a problemas específicos, pero el

resultado final a menudo es más complejo.

Pruébalo ahora; en cuanto antes comiences, antes experimentarás la verdadera paz personal.

1. Haz una lista. En una hoja de papel en blanco, o en tu ordenador, forma una lista de todos aquellos eventos del pasado que te molesten que puedas recordar. Si no encuentras por lo menos 50, o lo estás haciendo a medias o has estado viviendo en otros planeta. Mucha gente encuentra centenares.

2. Forma una lista de todo. Mientras confeccionas tu lista probablemente encuentres eventos que parecen no causar ningún malestar. Esto está bien. Agrégalos a tu lista iguamentel. El mero hecho que lo recuerdes sugiere que necesita resolución.

3. Pon a cada evento un titulo como si fuese una mini película.
Ejemplos:

Papá me golpeo en la cocina,

Le robé un sándwich a Suzie,

Casi me caigo y me resbalo en el Gran Cañón,

Mi clase de tercer grado me ridiculizó cuando di aquel discurso,

Mi madre me encerró en el armario por horas,

La Sra. Adams me dijo que soy estúpido.

4. Haz tapping en los grandotes. Cuando tengas la lista completa, elige los árboles más grandes de tu bosque negativo (aquellos más cercanos a un 10 en una escala de 0 a 10). Aplícales EFT a cada uno hasta que puedas reírte de este evento o hasta que no pienses más en él. Estar seguro y atento si surgen nuevos aspectos relacionados y trátalos nuevamente como árboles individuales de tu bosque negativo. Estáte seguro de llevar cada evento al 0. Luego de quitar los árboles mas grandes, pasa a los siguientes más grandes, etc.

5 Trabaja sobre por lo menos una película por día - preferentemente tres - durante tres meses. A este ritmo resolverás de 90 a 270 eventos específicos en 3 meses. Luego nota cómo tu cuerpo se siente mejor.

Nota, además, cómo tu umbral de molestia es mucho más bajo. Así mismo es probable que tus relaciones mejoren y también muchos de tus temas terapéuticos simplemente parecen ya no existir. Toma nota de las mejorías en tu vida.

Te pido que anotes estas cosas conscientemente, porque de no hacerlo, la calidad de la sanación será tan sutil que hasta podrías no notarlo. Podrías incluso despreciarlo diciendo "Bueno, de todas maneras no era un problema tan grave." Esto pasa repetidamente con EFT y por lo tanto, lo traigo a tu atención.

6. Si es necesario visita tu medico. Si estás tomando medicación posiblemente podrías sentir la necesidad de discontinuar el tratamiento.

Por favor hazlo solo bajo supervisión médica.

Es mi esperanza que el Procedimiento de Paz Personal se convierta en una rutina mundial. Unos pocos minutos por día marcará una diferencia monumental en el desempeño escolar, lugares de trabajo, relaciones, salud y nuestra calidad de vida. Pero estas palabras no tienen ningún valor hasta que pongas la idea en práctica. Como dice mi buen amigo Howard Wight; "si últimamente vas a hacer algo importante que marca una diferencia, házlo ahora."

*Comentario:
Gary Craig quiere que apliquemos la técnica EFT a los eventos más perturbadores de nuestra vida. En algunos se podrá hacer en solitario, en otros será necesaria la asesoría de un psicólogo o terapeuta, por los inconvenientes que rebasen la capacidad de manejo de quien aplique este procedimiento de paz personal.

16.- CONSEJO DE AUTOCOACHING: GESTIÓN DE LAS EMOCIONES A TRAVÉS DEL TRABAJO CON UNA PARTE DE LA PERSONALIDAD.

Autores: Cora Besser-Siegmund y Harry Siegmund.

1.-Piense en una situación en la que esté descontento con su reacción emocional: demasiado miedoso, iracundo, tenso, frustrado, etc.

2.-Déle una figura a este sentimiento. Ha de ser fantasiosa como un animal, un personaje de cómic, un personaje de novela, un actor al que sólo conozca de lejos.

3.-Imagínese cómo esta figura encarna claramente su estado emocional. Por ejemplo, el canalla está granduleando en la cama. Sienta el eco corporal de la emoción estresante, como el desagrado ante la idea de levantarse que expresa el canalla.

4.-Realice el procedimiento y observe en la representación imaginada su parte de la personalidad: de pronto el canalla se levanta, se despereza y se va, animoso, a correr.

*Comentario: En esta lectura, se ve la importancia de concretar la parte de la personalidad en una figura conciente más accesible, para entonces tener la posibilidad de manipular las submodalidades de esta. También, hay un enlace entre la figura generada y el estado emocional de esa parte de la personalidad.

En el Coaching Wingwave se recurre a la aplicación de estimulaciones bilaterales (tomadas de EMDR) a través de tres mecanismos principales:

1.-Escucha de audios bilaterales, existiendo ya grabaciones de Coaching Wingwave para este fin. Por otra parte, también son útiles para este fin los audios biolaterales creados por David Grand.

2.-Estimulaciones bilaterales que el coache (o el facilitador) realiza hacia el consultante a través de dos dedos de una mano, las cuales moverá frente al consultante, de un lado hacia otro, unos centímetros arriba de la altura a la que están sus ojos, en forma horizontal y también curvadamente; la distancia que habrá entre facilitador y consultante puede ser de medio metro, más o menos.

3.-Las estimulaciones bilaterales cumplirán la función del Integrador de Movimientos Oculares, técnica creada por Steve Andreas, experto en PNL, dándose un "barrido visual" de todo el panorama del consultante a través de los movimientos horizontales y curvos, con velocidades que se explorarán en cada consultante.

4.-En este cuarto punto, sugiero se pueden unir los puntos 1, 2 y 3, además de incorporar diálogos Gestalt con esa parte de la personalidad.

17.- LOS DOS LADOS DEL PAYASO

Autores: Serge Ginger y Anne Ginger.

David tiene once años. Está bajo la tutela de padres adoptivos desde que tenía dos años y acumula "trastadas": rompe vidrios, perfora neumáticos, roba gallinas, prende fuego a un campo, etcétera. Niega en bloque todas sus fechorías.

Es llevado a consulta al dispensario. No abre la boca, tiene una sonrisa burlona en los labios.

En cuanto a mí, yo observo su cara en silencio, después señalo en voz alta su desimetría. El lado izquierdo es muy diferente al derecho: tiene una nariz más alta, un punto sobre el labio, etcétera.

David sonríe:

— Yo lo sé ¡y tengo también un lunar sobre la mejilla!

Le propongo entonces dibujarse. Él se dibuja entero, reproduciendo la desimetría del rostro, y se sorprende él mismo de haberla extendido a nivel de todo su cuerpo.

Le propongo entonces describir estos dos lados de él mismo. Él declara:

—El lado izquierdo, no se mueve, no es bonito, no puede caminar ni servirse de su mano. El lado derecho, es más VIVO, se puede mover, salir, jugar.

De hecho, David sólo "vive" cuando está fuera de su casa. En la casa de sus padres de tutela él siente que no puede moverse, como su lado izquierdo.

Le sugiero, con la ayuda de las tijeras, del pegamento y de los lápices, remodelar un cuerpo más armonioso donde habría más unidad.

En su autorretrato le señalo que ha representado a la lengua fuera de su boca.

—El se hace el payaso, dice entonces David. Y me saca la lengua.

Una máscara de payaso parece en efecto, esconder al verdadero David, negando la realidad, funcionando bajo el modo de la denegación y rehusando reconocer sus tonterías.

En el curso de las siguientes sesiones, trabajaremos sobre este personaje de payaso, y después en el personaje "más opuesto" ("una vieja dama triste"), y después sobre alguno que no sea ni "payaso, ni triste". Él va a dibujar cada una de estas partes diversas de sí mismo, hacerlas hablar, interpretarlas y después comentará su propio comportamiento cotidiano.

Esta secuencia ilustra un trabajo sobre la integración de las polaridades opuestas o complementarias, a través de la utilización de medios creativos y de la puesta en acción dramática.

*Comentario:

Si somos observadores como los Ginger, nos daremos cuenta que las enfermedades, síntomas o heridas de las personas están en determinado lado corporal. Sabiendo lo que significa cada lateralidad en terapia, tendremos una guía que ha resultado útil a muchos terapeutas, sobre todo a los que valoran esto, como los gestaltistas, biodescodificadores, bioneuroemocionadores, entre otros. ¿Para qué un dolor, herida, tic, mancha, mueca, o granito aparece en tal lado y zona del cuerpo humano?

Una marcada asimetría en el rostro, cuerpo, miradas, dibujos o vestimenta nos asoma el conflicto interior de una persona.

La meta es integrar las polaridades, los cabos sueltos, los fragmentos, los lados opuestos, complementarlos. Aunque sin llegar a una simetría exagerada porque, como dice Alejandro Jodorowsky, estos nos llevaría a lo artificial, y en la naturaleza, las cosas no son 100% simétricas.

18.- ENRAIZADOS, APARTARSE Y EL GUERRERO

Autor: Bert Hellinger.

ENRAIZADOS

Este piso de vez en cuando se mueve. Nosotros estamos de pie y caemos con él, sobre todo cuando confiamos denasiado en él. Es diferente si encontramos nuestra base en sintonía con un movimiento creador. Nos lleve donde nos lleve, frente a él permanecemos en la vida y en el amor sin desviarnos de él. En sintonía con él permanecemos enraizados incluso a través de las pruebas por las que nos lleva.

Enraizados en él nos purificamos de todo lo que nos distrae del amor hacia todo tal como es. Porque nuestra mirada se dirige a la raíz en la cual nos sentimos iguales a todas las demás personas.

También a ellos sostiene y aguanta la base sobre la cual descansamos, a nosotros y a ellos con el mismo amor.

APARTARSE

En primer lugar nos apartamos de un centro. Cuanto más lejos de un centro, tanto más grande la desviación. Al mismo tiempo sentimos tanto más fuerte la presión de regresar al centro. El centro como punto central atrae hacia sí todo lo que se aparta de él. ¿Qué ocurre con nosotros cuando nos apartamos del centro? Cuanto más nos alejamos de él, tanto más nos debilitamos, tanto más estamos en riesgo y en peligro. Todos los extremos demuestran ser el alejamiento con respecto a un centro. A la inversa, cuanto más cerca permanecemos y nos volvemos uno con él, tanto más centrados nos volvemos. Con él permanecemos en equilibrio. Al juzgar nos apartamos.

*Comentario:

Enraizarnos no es solamente confiar en la gravedad como fuerza, es sobre todo que nuestras raíces contacten a las raíces de la Fuente Central, que está tejida con la Fuerza del Amor.

Apartarse es alejarse de la levedad del Centro vacío. El ermitaño, para avanzar sabiamente, necesitó desprenderse de su familia de manera ordenada y humilde, para volver luego a su sociedad, de no hacerlo así, estaría incompleto y autoengañado.

La verdad y el Presente están en el Tao, en el punto donde se origina la curva o la recta, que más allá será un extremo, un terreno extraño de fantasía, alejada su órbita del núcleo.

Alejarse del padre o de la madre, renegando o rencorizando, es como los cometas que se alejan del Sol, vuelven a la frialdad y a vagar sin luz, en la oscuridad y sin aparente identidad. Todo vuelve a tener sentido al acercarse al centro del Sistema Solar, a bañarse con la luz del Sol, a coronarse con la cabellera de la identidad, a fundirse cerca o a continuar la travesía de reponer fuerzas y continuar la parábola, en la órbita y en la meta dé esta metáfora escrita.

Apartarse es moverse y no salir en la fotografía, moverse lo suficiente es vivir, moverse demasiado es arriesgarse a morir. El secreto es moverse para vivir, sí, aunque en una zona de seguridad en el centro, retornando a casa, volviendo al templo, ¿en cuánto tiempo? En el presente, en el momento.

Centrarse, entonces, es la alternativa para equilibrarse, para acuatizar y aterrizar en este mundo, sobre todo en nuestro propio mundo interior y exterior. Enraizarse es una vertiente de esta certeza, que tiene verdad y tiene belleza. El cuerpo es el vehículo que soporta la prueba, y la mente está ahí de testigo.

En los extremos hay sufrimiento, hay soledad, hay curiosidad. Los que han subido a la montaña más alta del mundo o a la zona o más profunda del mar, se han dado cuenta que una vez satisfecho su deseo, había que regresar al origen de partida.

Después de conocer los extremos y los opuestos de cualquier ideología, acción o sentimiénto nos daremos cuenta que lo mejor es trascender y volar encima de ellos, rumbo al Centro.

EL GUERRERO

Un guerrero avanza sin tener en cuenta el peligro. Sobre todo un guerrero del espíritu. Sus flechas quedan adheridas. Por más que duelan, no es posible extraerlas. Pero no matan. Al contrario, nos impulsan hacia adelante, nos alejan de lo que aprendimos a querer, nos alejan de lo blando hacia la realidad que debemos enfrentar, por más dura que se nos muestre.

Yo también fui un guerrero así cuando desenmascaré a la conciencia buena o tranquila como el enemigo del amor, la que divide a las personas en buenos y malos y decide quién o qué puede existir y qué debe ser aniquilado.

Si seguimos el ejemplo de ese tipo de guerreros se requiere coraje para avanzar, sin tener en cuenta las objeciones que en nuestra alma eluden a la verdad de estas comprensiones y las debilita o quiere escapárseles. Pero siguen siendo un aguijón en la carne.

¿Cómo nos volvemos guerreros así? Por extraño que suene, a través del amor hacia todo tal como es, también hacia aquello que parece estar en nuestra contra. Ese amor se despide del fingimiento que nos lleva a considerar como bueno todo aquello que va en contra del amor a todo tal como es, porque se coloca por encima del lado oscuro de nuestra realidad en lugar de encararla.

Únicamente aquel amor que también reconoce al otro lado como equivalente, es puro. Ese amor es humilde. Al mismo tiempo es creador.

A pesar de que ese amor reconoce los opuestos, los supera sin anularlos. Ese amor es libre, y libera. ¿Cómo? Con coraje.

*Comentario: No hablaré del Guerrero Castaneda a quien bastantes ya le han leído o experimentado hasta cierto punto sus enseñanzas. Sí me hace figura comentar algunos de los mensajes que capturo de la película 'El Camino del Guerrero'. En una guerra permanente, de por vida, contra los egos, contra sí mismo, hay que luchar sin armas, con humildad, con habilidad.

Hay que ser práctico y demostrar sabiduría, no basta el conocimiento, no sirve el "conozco y miento".

Hay que estar en el aquí y ahora, enfocado, concentrado en los detalles del interior y del exterior, según sea necesario al instante.

Es una meta derrotar la arrogancia, el egocentrismo, la banalidad.

El Guerrero aprende a guerrear, se va formando, ocupa Maestros, los cuales al final del camino desaparecerán, pará terminar dándose cuenta que el mejor de ellos era el que está dentro de nosotros.

Un Guerrero es firme, se sacrifica, sirve a los demás y subsiste de la naturaleza y de la vida cotidiana, cualquiera que sea el contexto.

Yo he sido un Guerrero en el Internet y en los libros que he escrito, he luchado por poner al alcance de otros miles de libros, propios de otros, para esparcir el conocimiento y algunos lo siembren y cosechen como sabiduría. Me guío por el amor, el altruismo, el servicio social, la compasión, el coraje, la esperanza, el cooperar con mi bandera de palabras infinitas que salen de mis manos, de mi boca, de mi cerebro y de mi corazón.

He luchado como un Guerrero en mi vida laboral, en el fútbol, con mis ideologías, ayudando a los demás, a mi familia y sobre todo a mí mismo. Tengo batallas diarias, a cada momento, con mis egos, con algunos de los demás, con los espejos, con los opuestos, con lo diferente, es difícil ganar todas las batallas y salir invicto al final del día, sin embargo, ganar la guerra es un triunfo que llega sin trofeo, porque se recibe en el corazón.

19.- LOS PROS Y PELIGROS DE LOS GUIONES DE EFT TAPPING.

Autor: Gary Craig

PROPÓSITO

Este artículo brinda una mayor perspectiva a aquellos que desean utilizar piezas pre-escritas de lenguaje (Guiones de Tapping) que algunas personas usan con la esperanza de abordar mejor sus temas con EFT. Si no ha estado expuesto a Guiones de Tapping, lo invitamos a omitir este artículo y pasar a ¿Qué resultados puedo esperar de EFT Tapping? para que su proceso de aprendizaje de EFT no se interrumpa. Aquellos que han sido expuestos a Guiones de Tapping se beneficiarán de la información proporcionada aquí antes de seguir adelante.

Los pros de este enfoque se centran en la conveniencia y en la posibilidad de obtener más beneficios que los que proporciona utilizar sólo la Receta Básica de EFT. Por otro lado, los peligros incluyen posible traumatización, resultados parciales, tergiversación de EFT y problemas legales potencialmente graves para quienes los proveen. Estos guiones están bien entendidos por sus promotores y son al menos parcialmente útiles para muchos clientes. Pero son de naturaleza superficial, posiblemente dañinos para algunos, y deben ser descritos como tales por sus promotores. No quiero ser demasiado dramático en esto ya que, como balance, el uso de guiones de Tapping ha producido mucho más beneficio que daño (en mi opinión). Sin embargo, sus riesgos y deficiencias deben ser explorados. Indicaciones para acercamientos más hábiles se dan más adelante en este artículo, así como durante el resto de esta Guía Tutorial.

TRASFONDO.

En los primeros días de EFT, nuestros objetivos para las rondas de Tapping estaban planteados hacia lo general (global). Me tomó años de refinamiento descubrir que ser más específico produciría resultados mucho mejores, especialmente para los casos más complejos. Mientras tanto, los practicantes de EFT continuaron experimentando con enfoques globales, tratando de hacer la diferencia para tantas personas como fuera posible. De este esfuerzo, nacieron los "Guiones de Tapping".

Un guión de Tapping involucra lenguaje preparatorio / recordatorio predeterminado, diseñado para que el público en general lo utilice con la Receta Básica de EFT para obtener alivio sobre un problema común. Por ejemplo, un guión de Tapping para la pérdida de peso podría comenzar así...

Aunque me siento tan mal por cargar todo este peso,

y no creo que merezca perderlo...

En la superficie la idea tiene sentido, especialmente para alguien que no ha estudiado EFT o quiere el alivio rápido prometido por un enfoque como éste. Si bien parece ser conveniente la desventaja potencial es significativa y no se acerca a los resultados profesionales que podemos ofrecer mediante un enfoque individualizado.

Los guiones de Tapping a menudo se encuentran en libros y en sitios web individuales, diseñados por profesionales que se especializan en un tema en particular. Hay guiones de Tapping para cientos de cuestiones... desde trauma a fobias a TOC a todo lo demás. Cualquiera podría localizar un sitio web que proporcione estos guiones, incluyendo un diagrama de los puntos de EFT y algún lenguaje para usar que parece dirigirse a problemas subyacentes. La hipótesis aquí es que la mayoría de las personas con problemas similares tendrán los mismos detalles contribuyentes. Pero eso es un gran error. No hay dos personas que experimenten los mismos detalles, o de la misma manera, y por lo tanto ningún guión de Tapping puede reflejar la exactitud que a menudo se requiere. En este sentido, el uso de guiones de Tapping es como tratar de pintar la Mona Lisa con un pincel de 15 cm de ancho.

LOS PROS

El atractivo de estos guiones implica un factor de conveniencia en el que se proporciona un enfoque preparado que no requiere personalización ni trabajo de detective. Sólo haga Tapping en los puntos de EFT mientras repite palabras que alguien más proporciona. Fácil. Es un enfoque unitalla o "EFT en una caja". Muchos usuarios de guiones han reportado resultados positivos usando este método y me complace que este enfoque simplista haya ayudado a exponer multitudes de personas a EFT. Aunque muchos se han beneficiado, existen limitaciones y desventajas. Vamos a cubrirlas a continuación.

Los peligros

Aquellos que promueven los guiones de Tapping intentan "tratar" a personas que (1) no conocen o (2) tienen problemas demasiado importantes para que un simple guión de Tapping los pueda manejar. En consecuencia, su "clientela" eventualmente incluirá a personas con graves debilidades emocionales o físicas que son atraídos a "probarlo". Estas almas tiernas no deben intentar NINGÚN método de curación sin la presencia y orientación de un profesional de la salud calificado, porque hay posibilidad de caer en crisis y tener graves consecuencias. A medida que EFT se vuelve más establecido, es inevitable que estos problemas emerjan y los juicios pueden surgir en contra de aquellos que promueven los guiones de Tapping.

Los usos profesionales de EFT, como los discutidos en nuestra Guía Tutorial de EFT Estándar de Oro pueden reducir significativamente la exposición a estos riesgos.

Además, los guiones de Tapping tienden a proporcionar sólo resultados parciales. Rara vez llegan a las raíces de los problemas y, por tanto, las verdaderas causas del problema permanecen bajo la superficie. Es sólo cuestión de tiempo antes de que esas malas hierbas aparezcan de nuevo y lleven a los clientes a concluir que "EFT no funcionó". Peor aún, estos enfoques superficiales pueden despejar parcialmente algunos aspectos del problema y, en el proceso, permitir que los traumas enterrados emerjan y causen ansiedad, pesadillas, dolores de cabeza y reacciones similares. Ningún guión es capaz de manejar este estrés inesperado y por lo tanto estos clientes pueden reportar que "EFT empeoró las cosas". En realidad, sin embargo, no fue EFT lo que empeoró las cosas. Fue el uso erróneo de un enfoque superficial para un problema más profundo.

Por lo tanto, si usted está promoviendo guiones de Tapping, por favor informe a sus clientes sobre los límites y posibles efectos secundarios de la utilización de un enfoque como este. Mejor aún, abandone esos guiones de Tapping y reduzca ese riesgo moviéndose hacia los enfoques de EFT más profesionales e individualizados que se ofrecen en este sitio web. De particular interés puede ser nuestro artículo titulado Qué debo decir durante el proceso de EFT Tapping.

EL PROBLEMA DE LOS SIMPOSIOS DE INTERNET Y YOUTUBE

Verá este mismo enfoque de los guiones de Tapping usado en diferentes formas en videos de YouTube, así como en varias cumbres y simposios de internet donde uno o más practicantes dirigen a un público anónimo a través de rondas de Tapping sobre cualquier tema que escojan para el día (como procastinación, merecer felicidad, creación de abundancia, encontrar su alma gemela, o liberarse del estrés). Estos acercamientos generales conducen a la gente en direcciones superficiales donde los resultados son limitados y la posibilidad mencionada para consecuencias serias se magnifica.

LA SOLUCIÓN: CÓMO LLEGAR A LAS RAÍCES Y PERSONALIZAR EL PROCESO.

Como practicante es más fácil hacerle al cliente unas cuantas preguntas y enterarse de los detalles específicos que recetar guiones y jugar a tientas cuando la situación del cliente pide más ayuda. El proceso se enseña en la Parte II de nuestra Guía Tutorial de EFT Estándar de Oro. Incluso los autodidactas pueden aprender los principios y hacer un mayor progreso en sus asuntos. Se necesitará un poco de práctica al principio, pero cuanto más lo use, mejores resultados obtendrá. Puede comenzar con el Procedimiento de Paz Personal, o hacer algunas preguntas sencillas que apunten hacia Eventos Específicos. Estas son algunas de las preguntas que me han servido a lo largo de los años:

¿Cuándo notaste por primera vez el problema?

¿Te recuerda algo de tu pasado?

Si pudieras vivir de nuevo, ¿qué persona o evento preferirías omitir?

Como autodidacta, si se queda atascado, un profesional debidamente capacitado puede ayudarle a desenterrar los problemas que no pudo encontrar por su cuenta. Los profesionales pueden obtener capacitación adicional para encontrar los problemas ocultos necesarios para obtener los mejores resultados.

REVISIÓN:

En este artículo aprendió sobre los guiones de Tapping en el proceso de EFT.

Los guiones de Tapping parecen convenientes, pero son bastante generales por naturaleza y no proporcionan un enfoque individualizado. Por esta razón, no siguen el proceso de EFT Estándar de Oro.

Los guiones de Tapping y otros enfoques globales pueden causar daño cuando se utilizan sin la orientación adecuada por lo que, si decide probarlos, hágalo con precaución.

Para obtener la mejor formación posible en EFT, evite los guiones de Tapping y otras variaciones generales y siga los principios Estándar de Oro enseñados en esta Guía Tutorial.

EJEMPLO DE UN GUIÓN DE TAPPING

Nick Ortner muestra un ejemplo de Guión de Tapping para un dolor de hernia discal:

Punto de karate: Aunque tengo una hernia discal en la espalda, me acepto completa y profundamente.

(Repetir tres veces.)

Ahora haz tapping en estos puntos:

Inicio de Ceja: Esta hernia discal... |

Al lado del ojo: Esta hernia discal en la espalda...

Costado del ojo: Es punzante y doloroso...

Bajo la nariz: Los médicos me dijeron que tengo una hernia discal...

oa Barbilla: Los médicos me dijeron que siempre dolería... |

Clavícula: Los médicos me dijeron que eventualmente iba a necesitar cirugía...

Axila: Los médicos me dijeron que probablemente empeoraría...

Coronilla: La única manera de que el dolor desaparezca es tomando medicamentos.

Ceja: Creo que lo voy a tener para siempre y que sólo va a.,empeorar...

Al lado del ojo: Esta hernia discal en la espalda... :

Bajo el ojo: Esta hernia discal dolorosa...

Bajo la nariz: Palpita, dolor al rojo vivo...

Barbilla: Creo que sólo va a empeorar...

Clavícula: Creo lo que los médicos dijeron sobre mi espalda...

Axila: La única manera de que el dolor desaparezca es tomando medicamentos.

Coronilla: Esta hernia discal dolorosa...

Respira profundamente y... déjalo ir.

*Comentario: El 'Guión de Tapping' es una técnica que permite incorporar frases variadas de la frase original a trabajar. Esas otras frases surgirán del propio paciente, en cuanto a sus sensaciones, emociones y creencias. Será palabras claves o que le abrevien y conecten con el tema principal. En el ejemplo que da Nick Ortner, la frase original se menciona en el Punto Karate (Punto K). En los demás puntos energéticos se dan frases abreviadas o agregándoles una o más palabras asociadas al tema (frase) principal. Para encontrar esas frases asociadas, el paciente tiene que recurrir a su intuición, sus sensaciones, sus emociones y sus creencias o pensamientos.

Ahora, así como los guiones de películas son diversos, cada guión se ajustará a cada persona y a su particular conflicto o necesidad;

este ajuste personal es el que le preocupa a Gary Craig cuando dice que no se usen los guiones de manera indiscriminada porque entonces no habrá garantía de resultados adecuados. El ajuste al consultante se logra observando y escuchando sus palabras, sus síntomas, su historia, su conflicto, sus emociones, sus creencias.

20.- EL DOLOR EMOCIONAL Y FÍSICO

Autor: Nick Ortner.

"Nick Ortner comenta que nos hagamos las siguientes preguntas sobre el dolor:

¿Cuál es el lado bueno de este dolor"?

¿Cuál es la desventaja de que desaparezca el dolor?

Acabas de descubrir algunas de las razones que explican por qué no se va el dolor y por qué tienes que trabajar duro para conseguir que los cambios que has hecho perduren. Sin importar cuántas razones tengas para querer lo que quieres, las razones para no querer esos cambios son más frecuentes y pesan más.

¿A quién trato de proteger?

¿Que se vaya el dolor es bueno para mi?

¿Tengo dolor físico para prevenir el dolor emocional?

¿Qué emoción tienes en tu dolor?

¿Cuándo fue la primera vez que comenzó el dolor y qué estaba pasando en tu vida en ese momento?

¿Quién viene a tu mente cuando piensas en el dolor?

¿Cómo te sientes por tener el dolor?

¿Cómo te sientes contigo mismo en relación con el dolor?

¿Qué persona serías sin el dolor?

¿Tiene el dolor un mensaje para ti?

Describe el dolor. ¿Qué atributos/textura/color/tamaño tiene?

¿Cuál es la ventaja de que te aferres a ese dolor? y

¿Cuál es la desventaja de que te aferres a ese dolor?

¿Qué te enseña ese dolor acerca de tu vida?"

*Comentario: El dolor físico o emocional suele enmascarar emociones ocultas, ganancias secundarias, mensajes existenciales, proyecciones o metáforas que serán útiles para quien lo padezca, más allá del sufrimiento o de la causa.

Las preguntas que sugiere Ortner van precisamente enfocadas a indagar lo que menciono. Facilitan el darse cuenta de la persona que siente dolor, sea del tipo que sea. Sobre las respuestas que nos proporcione ligaremos otras, tendientes a tejer el mensaje que emergerá en la conciencia del adolorido.

21.- TEST DE VERIFICACIÓN MUSCULAR

Autores: Pablo Solvey y Raquel Ferrazano de Solvey.

A través de esta prueba recogemos la información sobre situaciones de desequilibrio y conflicto energético y/o emocional. El área del cerebro que controla o provoca las emociones se localiza en el cerebro límbico, el antiguo cerebro que se desarrolló en nuestro pasado evolutivo. Hay conexiones neurológicas directas entre el cerebro límbico y las vías que controlan el tono y la tensión muscular. La parte del cerebro que controla los programas de supervivencia física y emocional, regula también el tono del sistema muscular. Es decir que los estados emocionales tienen un reflejo gráfico claro en las posturas físicas.

Cuando se prueba un músculo, se puede entrar en contacto con la interfaz que hay entre la neurología y las emociones y pensamientos que afectan al cuerpo. El músculo también controla la interfaz que hay entre el cuerpo físico y los sistemas energéticos de la acupuntura. A través de la prueba de resistencia muscular, se mide la relación en la alteración de la circulación de la energía producida por las emociones.

*Comentario: Después de múltiples pruebas a lo largo de 7 años, finalmente en Estados Unidos se otorgó la patente al Dr. Yoshiaki Omura para su Test Bi-digital O'Ring, que consiste en hacer un aro con dos dedos de la mano dominante (dedos pulgar e índice, o pulgar y medio) resistiendo con la mayas fuerza posible a quien intente romper dicho aro. Se comprobó que esa resistencia era fuerte cuando el tono muscular estaba asociado a algo que la persona percibía como agradable o en congruencia, recalcando que el tono muscular procesa información inconsciente. Y cuando la resistencia es débil, es porque el tono muscular estaba asociado a algo que la persona percibía como desagradable o en incongruencia. Esto representa un logro para los kinesiólogos porque otros métodos similares al de Omura operan con el fundamento de la resistencia del tono muscular. Además, los fundamentos de la prueba de resistencia muscular son usados en el polígrafo o detector de mentiras, o que usan sensores en los dedos de las manos.

Los que manejan técnicas energéticas basadas en Acupuntura, afirman que la prueba de verificación muscular también está asociada al flujo o bloqueo energético que tienen las personas. Así, una debilidad en el tono muscular en esta prueba, significaría un desequilibrio energético; mientras que un tono muscular fuerte querrá decis que hay equilibrio energético.

22.- EL HEMISFERIO CEREBRAL MÁS TRAUMATIZADO

Autores: Pablo Solvey y Raquel Ferrazano de Solvey.

"Lo que descubrieron Van der Kolk y colaboradores en 1996, es que al pensar en un trauma o en un recuerdo traumático, se activa en ese instante el HD (Hemisferio Derecho), quien tiende a verlo en una forma mucho más negativa que el HI (Hemisferio Izquierdo).

Esto provoca que los pacientes de TEPT (Transtorno de Estrés Postraumático) estén en una trampa, dado que al pensar en su o experiencia traumática no sólo se activa el HD, sino que por corolario se inactiva el Hl, de modo que el sujeto no tiene acceso a los recursos, creencias positivas, sentimientos eutímicos y al optimismo y la familiaridad que le ayudarían a aliviar la experiencia traumática vivida y pasada.

Van der Kolk y sus colegas demostraron por estudios hechos con metodología de emisión de positrones en pacientes con TEPT (PET scan) dos cosas: La primera es que, durante la exposición a recuerdos traumáticos, se produce una marcada lateralización de actividad en el HD y un aumento de la actividad de la corteza visual derecha, cuando los sujetos reportan los flashbacks. En segundo lugar, en contraste, el área de Brocca, que es la parte del HI responsable de convertir las experiencias personales en lenguaje, tiene una disminución significativa de la utilización de oxígeno, y se "atenúa" (siempre durante la exposición a recuerdos traumáticos)".

*Comentario: Cuando se trata de destraumatizar a una persona, las técnicas más efectivas son las que actúan en lo no verbal, es decir, en el cuerpo (tapping energético, masaje, digitopuntura, experiencia somática, trabajo con sensaciones, etc.), en la cognición (trabajo con imágenes, sueños, flashbacks y visualizaciones guiadas), y en el sistema de visión (EMDR, Brainspotting, EMI, PNL, etc.). En esta primera fase se retoma poco o nada de lo verbal, si acaso palabras, frases o creencias breves sobre el trauma.
Y hasta la parte final, abordar la parte verbal, como lo es que la persona cuente los detalles o pensedmientos de lo que le sucedió.
Esto con el fin de integrar ambos hemisferios en la transformación y superación de la experiencia traumática.

23.- LA ALARMA DESCONTROLADA

Autores: Cora Besser-Siegmund y Harry Siegmund.

Según un documental de la BBC Alemana llamado 'Fobia, el miedo en estado puro", si se les enseña a las personas una imagen con el tema de su fobia, en una imagen cerebral se iluminan a la vez la amígdala y el hipocampo izquierdo (ambos

forman parte del sistema límbico), con secreción excesiva de cortisol (la hormona del estrés). Recordando que la amígdala es la "almendra del timbre" del sistema límbico; y el hipocampo es el almacén de la memoria de los afectos. Todas nuestras percepciones sensoriales han de pasar siempre por el sistema límbico (primero el tálamo, luego la amígdala y el hipocampo), antes de ser transmitidas a los 0.5 o 0.75 segundos al Córtex (cerebro racional).

El sistema límbico controla la entrada de la información en cuanto a si se percibe emocionalmente como "peligrosa", "segura" o "estupenda.

Y cuando el Córtex retransmite al Sistema Límbico, muy poco o nada se puede hacer. Esto nos lleva a entender que un susto o un agrado tiene más que ver con lo emocional que con lo racional. Esto lo saben los publicistas, y lo deberían saber los fóbicos.

Por eso muchos transtornos no se solucionan con la voluntad", 'echándole ganas' o con terapias racionales. Se requiere actuar en la reacción de la amígdala, en reacondicionar ese timbre disfuncional (y en muchas ocasiones reacondicionar la memoria corporal). En veteranos de guerra o en personas víctimas de violencia o abuso, se ha podido comprobar en investigaciones una reducción nítida del hipocampo izquierdo, en comparación de personas no traumatizadas".

*Comentario: En lo dicho en esta cita es donde parecen incidir las terapias energético-emocionales y de integración cerebral.

El Sistema Límbico, o cerebro emocional, es reacondicionado con estas técnicas, después de que estas inciden en la terapia de exposición donde son estimulados los acupuntos y se combinan los demás pasos de las técnicas, como lo es el trabajo de modificación de creencias, entre otros elementos.

El timbre de alarma' límbico (la amígdala) se destraumatiza o desbloquea y entonces ya no tiene "el falso contacto" que desequilibra a la persona cuando estaba traumatizada; la amígdala vuelve a ser la amiga" confiable.

24.- LOS ACUPUNTOS

Autores: Pablo Solvey y Raquel Ferrazano de Solvey.

"Los llamados acupuntos son puntos que la Acupuntura afirma son útiles para curar síntomas relacionados a esos puntos en específico. En ellos se encuentran en gran cantidad mecano receptores del sistema somato sensorial.

Los mecano receptores son receptores nerviosos especializados que registran estímulos mecánicos como tacto, estiramiento, presión. Toda la superficie del cuerpo es sensible en diferentes grados, a estas estimulaciones. Otras zonas del cuerpo también tienen mecano receptores, pero su densidad no es tan alta como en los puntos hsue, por lo tanto el efecto de su estimulación no es tan intenso.

Los puntos de acupuntura, llamados "Hsue" en la medicina china (la correcta traducción del mandarín chino es "agujero" más que "punto") son zonas de la piel que tienen mecano receptores en una particular y alta densidad, y gran cantidad de terminaciones nerviosas libres y neurovasculares. Las señales que se inician cuando se estimula un punto hsue se conducen por una vía nerviosa aferente, y alcanzan la corteza cerebral, la amígdala y el hipocampo. Los diferentes puntos hsue mandan señales que convergen entre sí, las que pueden liberar uno o más neurotransmisores.

Los estímulos mecánicos en esas áreas de la piel (tapping, frote, apriete, toque, masaje) son traducidos en señales digitales mediadas por el ión calcio. Estas señales se trasladan y llegan al cerebro por las vías somato-sensoriales aferentes, hasta alcanzar la corteza cerebral. Este mecanismo de trasmisión involucra también iones simples como sodio y potasio, además de calcio, y sustancias complejas como los neurotransmisores y mensajeros secundarios tales como serotonina, dopamina,noradrenalina, GABA, óxido nítrico, acetilcolina, y neuropéptidos como las endorfinas y encefalinas.

Con neuroimágenes funcionales (fMRI) se ha demostrado en forma repetida la fluctuación de señales cerebrales como resultado de estos diferentes tipos de estímulos mecánicos aplicados sobre los puntos hsue: se registra un incremento de " actividad en la región órbito frontal y en la base de la corteza prefrontal y del tálamo posterior, y una disminución de actividad en al menos once estructuras profundas, algunas de ellas fuertemente involucradas con los procesos emocionales como son el hipocampo, para-hipocampo, amígdala, putamen, caudado, ínsula anterior, cíngula anterior, área tegmental ventral, núcleo accumbens y el polo temporal".

*Comentario: Me acuerdo que Salvador Freixedo, ex sacerdote jesuita e investigador de lo paranormal, decía que casi todos los puntos de acupuntura están en hendiduras del cuerpo.

Estos acupuntos los visualizo como pequeños portales de energía que al ser estimulados fluyen y selconectan al sistema nervioso a través del sistema de meridianos. Aún seguirá en debate si se trata de energía electromagnética, química, prana, chi, ondas de despolarización eléctrica (Félix Mann), o de otro tipo. También, sigue sin esclarecerse si los meridianos son los microtúbulos de Bonghan o será una estructura que espera ser descubierta.

25.- 26 ESTRATEGIAS PROVOCACTIVAS

Autor: Dr. Ángel Briones.

1. HIPNOTIZA AL CLIENTE. La manera en la que hablas y usas tu voz es fundamental. Para evadir la confrontación, un tono elevado y enfadado no ayuda. Un tono más relajado, tranquilo y afable, aunque de vez en cuando enfatices alguna exclamación, es el más adecuado.

2. OFRECE SÓLO DOS ELECCIONES. ¿Qué prefieres, hacerlo ahora o dentro de un rato? O una cosa o la otra. Aunque el cliente no se de cuenta, no le das tantas opciones. Esta técnica proviene directamente de Milton Erickson.

3. DA MÁS OPCIONES. Pero sólo entre tres. Que se elija una opción, tipo test de opción múltiple: "Vale, tú eres, a) bastante inteligente, casi un genio, b) normal como la media, o c) bastante gilipollas y corto de mente".

4. IGNORA AL CLIENTE. Haz pausas sin dejar de mirar al otro. El contacto visual se debe mantener siempre, pero eso no quita para que al ignorar al cliente, éste tenga que hacer su propio proceso mental para seguirte.

5. INTERRUMPE AL CLIENTE. Sin pedir perdón. El cliente no es tan importante como tú.

6. SÉ UNIVERSAL. Lleva todo a un nivel cosmológico, gigante y más grande que el planeta Tierra. Las cosas son así. ENORMES.

7. NO ES CULPA TUYA. Es porque vives en el Norte. Le pasa a todo el mundo que vive en el Norte. Tus padres se mudaron allí y tú naciste allí, así que... tienes una altura determinada. No podías cambiarla aunque quisieras. Cualquier cosa es un ejemplo claro de

que, en realidad, el cliente no tiene culpa de nada.

8. CULPA AL CLIENTE. ¡Claro que sí¡ ¡Es culpa suya! Y no sólo eso, sino que, pensándolo mejor, hay muchas cosas más, cualquier noticia, cualquier cosa que se me pase por la cabeza, aunque no esté conectado con el cliente ni con el tema, seguro que es parte del problema. Seguro.

9. DA UN MAL CONSEJO. Da el peor consejo del mundo. Siempre lo hay. O pregúntale a tus padres.

10. QUÉDATE EN SILENCIO. O baja tu tono de voz para que el cliente tenga que esforzarse en oírte. Eso sí, siempre mirándole a los ojos.

11. ELEVA EL TONO DE VOZ. Sólo momentáneamente. No hay que chillar. Sólo en alguna palabra o frase determinada. Tus clientes no se van a dormir, pero así les despertarías.

12. RELACIONES FAMILIARES. Explora lo que opinan los familiares. Hazlo con preguntas sutiles como "¿qué dice tu padre/madre de todo esto?". Si el cliente se pone a la defensiva, hay que seguir trabajando esa figura, por ejemplo. Es un punto gatillo, el verdadero disparador quizás.

13. VER A TRAVÉS DE OTROS OJOS. ¿Qué piensa tu jefe o tu amigo o alguien más de todo esto? ¿Qué te dicen?

14. ABOGADO DEL DIABLO. Defiende lo opuesto que haya dicho el cliente, sin decir que lo estás haciendo. Por ejemplo, creo que esto no sirve para nada. Este coaching es inútil.

15. LUZ ROJA. Sea cual sea la dirección o el sentido en la que vaya el cliente, ve a la contraria. La diferencia con ser el abogado del diablo es que si el cliente está hablando de algo familiar, pregunta por algo laboral. Si cuenta algo relacionado con la tristeza, pregúntale por algo feliz.

16. DETALLLES. Dime más; qué se dijo exactamente. No valen aproximaciones sino exactamente lo que se dijo. Dime más cosas sobre eso. ¿Qué se dijo exactamente?

17. MÁS DE LO MISMO. El problema es PEOR que lo que el cliente cree. Lleva el problema al máximo, que lo sienta al máximo, etc. Todo es peor. Muchísimo más.

18. PAUSA. Quédate completamente parado; quieto como esta-

tua.

19. REDUCE LA VELOCIDAD. En tu voz, tus movimientos, en tu cuerpo...

20. ACELÉRATE. Lo opuesto a lo anterior.

21. IMITA AL CLIENTE. Sus gestos, voz, tono...

22. REFERENCIA TEMPORAL. ¿Cuánto tiempo llevas así? ¿Cuánto tiempo crees que vas a seguir estando así?

23. FINGE ABURRIMIENTO. El cliente siempre cuenta su problema con su rol predeterminado, todo lo que pasó, etc., etc. En cuanto te vuelva a contar lo mismo o se repita, la segunda vez que te cuenten la misma cosa, empieza a aburrirte conscientemente. No borres ni desprecies cualquier cosa que te venga a la mente: "Mira, despiértame si dices algo nuevo o interesante, no me voy a dormir, sólo voy a descansar mis ojos, todavía te escucho, ¿eh?, aunque me veas con los ojos cerrados..." El otro empezará a dudar, o quizá te confronte y te eche cara que no le escuchas: "¡Claro!, ya te he oído contar lo mismo, pero estoy aburrido de cojones, con todo mis
respetos".

24. FINGE INCREDULIDAD Y ESCEPTICISMO. Sé suspicaz. Desconfía con tu tono de voz, con tus ojos... ¿De verdad? Haz una pausa, extiende tus brazos, expectante, y di: QUÉ. Espera y no te asombres.

25. CUENTA UNA HISTORIA. Esto me recuerda a alguien que vi la semana pasada. Este otro paciente... La historia no tiene porqué ser verídica. ¡Y no tiene por qué venir a cuento!

26. CONFUNDE AL CLIENTE. En el estado de confusión, están en otro estado que no es el original. Y sólo pueden estar en un estado cada vez.

27. ESTRATEGIA DE REGALO: MIRADA DE LOCO. Mira el punto medio del entrecejo de tu cliente. O al puente de su nariz. Desenfoca tu mirada y sigue mirando al entrecejo. Es la mirada del esquizofrénico. Transmite una fuerza inusual. Impone mucho respeto. Y también intimida. Cuando el cliente nota que le vuelves a mirar como una persona normal (los ojos se mueven de un lado a otro buscando los dos ojos de la otra persona a la vez), sabe que no

estás loco… todavía.

*Comentario:

Ángel Briones es un coach que provoca la acción, valiéndose de sus variados conocimientos y prácticas de Terapia Provocativa, EFT, PNL, entre otros. Sus estrategias sugeridas están diseñadas para irrumpir, facilitando el movimiento del consultante hacia objetivos útiles.

26.- CREENCIAS Y SUBMODALIDADES

Autor: Gabriel Guerrero.

Todos los estímulos sensoriales en el momento de establecer un ancla se convierten en parte del ancla. Cada uno de ellos en "sí mismo puede convertirse en "el ancla". Entre más atentos estemos a los estímulos presentes al establecer un ancla, mayores probabilidades de poder controlar cuáles de estos emplearemos o reproduciremos al reintroducir nuestro estímulo. De ahí que sea valioso establecer el anclaje en diferentes contextos, ya sea físicamente o en la imaginación de la persona. Ahora que comprendes el proceso del anclaje o que lo recordaste si ya lo sabías, podemos pasar a usar las submodalidades y los anclajes en realizar lo que llamamos cambio de creencias. Me sorprende cuántos cursos de PNL dejan el tema de creencias al final. .. logrando así que algunos de sus alumnos no logren obtener resultados con los temas anteriores, simplemente porque no creían poder hacerlo o no creían en el instructor.

Puedes determinar las submodalidades de cualquier experiencia y/o proceso interno. Al hacerlo, no solamente estás diagnosticando o describiendo ... el truco incluido en este tipo de ejercicios, es que comienzas a controlar lo que sucede adentro. Las submodalidades visuales (de una experiencia o creencia) incluyen conocer su ubicación en el espacio, imagen, color, brillantez, distancia, tamaño, enfoque, dimensión, movimiento, enmarcamiento, posición del observador, etc. Las submodalidades auditivas son, por ejemplo: volumen, tono, dirección, armonía, ritmo, fuente, etc. Las submodalidades kinestésicas pueden ser:

temperatura, presión, peso, sensación táctil, ubicación corporal, etc.

En algunas ocasiones y para algunas personas, al principio resulta más sencillo determinar submodalidades por medio de realizar un comparativo entre dos experiencias. En el caso de las creencias se realiza comparando una creencia firme con una creencia débil. Algo de lo que estamos convencidos contra algo que no estamos muy seguros.

1. Determinamos la creencia limitante que vamos a modificar y la nueva creencia que la reemplazará. En muchas ocasiones, lo opuesto (la polaridad) a la creencia limitante es lo que se ocupará para el ejercicio; sin embargo vale la pena revisar las alternativas y verificar si lo opuesto a lo que creíamos, es lo que realmente queremos creer, Si eso sería realmente funcional; es decir, si haciendo ese cambio podremos funcionar adecuadamente tanto internamente corno en nuestra interacción con el mundo.

2. Determinar las submodalidades de una creencia firme. Y establecer el ancla "A". Puedes elegir el estímulo más adecuado para que sea tu ancla. Recuerda que incluso puedes imaginar un botón o una palanca. Lo importante es que sea un estímulo muy preciso y que sea repetible bajo tu control.

3. Determinar las submodalidades de una creencia antigua o absurda. Algo que alguna vez creíste pero que ya no, o bien algo absurdo como que las jirafas vuelan. Igual que con la creencia firme, determinas las submodalidades y estableces el ancla "B".

Yo recomendaría que si estableciste el ancla anterior con tu mano derecha, ahora lo hagas con la izquierda o viceversa.

4. Convertir la creencia limitante en creencia absurda por medio de lanzar la imagen a la distancia y trayéndola a la ubicación de la imagen de la creencia absurda y modificando todas las submodalidades para que sean las mismas que obtuvimos en el paso tres. Disparar el ancla "B". La idea es ajustar la imagen, sonido y sensación para que sean iguales en estructura a la creencia absurda o antigua. La mente, por medio de codificar la idea de la misma forma que algo absurdo produce la misma respuesta emocional y conductual. Es decir, que la creencia anteriormente limitante,

se convierte en algo absurdo o algo que alguna vez creímos, pero que ya no. Disparar el ancla de lo absurdo, presentando el mismo estímulo, provoca la respuesta interna de algo absurdo. La sensación / emoción que se tendrá asociada a esa creencia, es de algo absurdo. Para hacer esto, suele funcionar mejor por medio de enviar la nueva imagen a la distancia al mismo tiempo que exhalamos ... hasta que esta nueva creencia se convierte en un punto en el horizonte ... y después la traes a su nueva ubicación y características al mismo tiempo que inhalas.

Ahora que ya creamos un vacío, una vez que removimos lo que estorbaba, ahora sí estamos listos para establecer la nueva creencia.

5. Convertimos la nueva creencia en creencia firme por medio de lanzar la imagen a la distancia y trayéndola a la ubicación de la imagen de la creencia firme y modificando todas las submodalidades para que sean las mismas que obtuvimos en el paso dos. Disparar el ancla "A". La misma mecánica del paso anterior, pero en esta ocasión, convirtiendo la nueva creencia en algo que crees firmemente, algo de lo que estás completamente convencido, y una vez que hayas establecido la nueva creencia, es importante hacer lo necesario para aseguramos que en un futuro creerás esto que estás creyendo ahora.

6. Ajuste a futuro. Esto consiste en imaginar con la mayor cantidad de detalles posibles (usar submodalidades y los 5 sentidos), cómo actuarás diferente en el futuro como resultado de haber adoptado la nueva creencia. Es recomendable imaginar por lo menos cinco diferentes escenarios en los que actuarás diferente como resultado de esto. Sin embargo! si lo haces con más ejemplos, puedes asegurarte un mejor resultado, ya que lo que pretendemos con esto, es generalizar el aprendizaje. Gabriel Guerrero. Diseñando tu Destino.

*Comentario:

En terapia, para trabajar las creencias, estas se metaforizan, se verbalizan en una frase, se asocian a emociones o se trabajan a través de anclajes y submodalidades asociadas, como en PNL avanzada.

En la PNL básica, se suelen tomar los sentidos del VAK (Visual, Auditivo y Kinestésico). En lo Kinestésico se agruparían los restantes 10, 20 ó 30 sentidos que aseguran algunos investigadores también existen. Por ejemplo: olfato, gusto, tacto, termocepción, termoalgesia, bariestesia, propiocepción, nocicepción, interocepción, cenestesia, sinestesia, kinestesia, equilibriocepción, mecanorrecepción, etcétera. Queda como tarea a los expertos en PNL de qué manera podemos aprovechar en esta disciplina los sentidos poco conocidos hasta ahora.

LECTURAS AL AZAR

1.- LA HUMILDAD

Autores: Dr. Ernesto Lammoglia e Ingala Robl.

Humildad es renunciar al lugar superior (usurpado) que se tenía en el sistema y seguir el orden con amor. Nos obliga a reconocer la tierra.

La humildad nos obliga a ver a todos en un mismo nivel: los inocentes y los culpables (los «buenos» y los «malos»), los vivos y los muertos. Por ejemplo, en el caso de estar frente a una injusticia como puede ser un asesinato, debe mirar las cosas con tranquilidad y evitar aliarse con la víctima. Cuando un facilitador se alía con la víctima está excluyendo al victimario. Si éste es parte del sistema estará empeorando la situación.

En las constelaciones es indispensable la humildad del facilitador para estar ahí sin la intención de sanar. El facilitador está de acuerdo con lo que se muestra y con el destino del consultante, se encuentra en un lugar de humildad y vacío.

*Comentario:

Aterrizados, estamos en el nivel que nos corresponde, en una familia o en una dinámica oculta. En tierra, nuestro humo es señal de asentir al lugar que nos toca, sin usurpar ni arrebatar, sin humillar ni sentirse más que los ancestros o los victimarios. Esto me recuerda a los católicos cuando reciben una cruz de ceniza en su frente, como inicio de una purificación en su cuaresma.

2.- ¿CUÁNDO SE ABREN LAS DEFENSAS?

Autor: Francisco García Licea.

En el momento en que el paciente recupera la proyección, el terapeuta tiene la certeza de que cuenta con suficiente energía para continuar con el proceso, La energía aquí se toma no en el sentido esotérico, sino físico: se trata de energía neuronal.

En esta parte del proceso, el cerebro del paciente está produciendo suficiente energía neuronal como para permitirle elevar los niveles bioquímicos y así llevar a cabo el trabajo terapéutico. La energía abre la emoción del paciente, desestructura las defensas y baja las resistencias. Mediante la emoción, se elevan los niveles bioquímicos y se inicia la conexión con el fondo.

Al seguir el procedimiento paso a paso, el terapeuta observa que el paciente cada vez va sintiendo más y comienza a ponerse en contacto con sus emociones, lo cual indica que se ha acumulado suficiente energía para continuar con el proceso.

Si el terapeuta observa que la energía está "plana", tiene un indicador de que el trabajo ne se está realizando de manera adecuada, y que las resistencias están presentes. Es probable que el paciente no tenga energía para continuar con el proceso, y se tendrá queiconcluir el proceso con el aprendizaje de haberse "dado cuenta".

Si el terapeuta lleva su proceso con una polarización fuerte, conseguirá la significación de los elementos; el paciente se pondrá en contacto con sentimientos que han emergido del fondo. En el momento en que empiece a recuperar la proyección se estará desestructurando la defensa, eliminándose la resistencia que la persona tenía para ponerse en contacto con los elementos que eran dolorosos para ella. Ahora el paciente se percatará de que él es también así, como lo está proyectando. En este punto la resistencia disminuye y la defensa se abre; es cuando se puede entrar al fondo del paciente con la suficiente energía para desestructurar las defensas; dado que éstas son inconscientes, funcionan en automático y lo protegen a nivel de represión y negación de aquello que le causa dolor y conflicto.

Después de recuperar una proyección fuerte, el paciente a menudo está sorprendido, en muchos casos llorando y sintiéndose "mal". Experimenta una serie de sensaciones que suelen ser desagradables.

Es aquí cuando la energía emocional acumulada en el trabajo se amplifica, entonces paciente y terapeuta entran en la misma "vibración". Se forma un campo unificado donde la energía se expande hasta donde sea necesario. Todo lo que siente el paciente quien lo experimenta el terapeuta; ambos están listos para entrar al fondo, el paciente está dispuesto a arreglarlo con los recursos del terapeuta. Ambos están conectados.

*Comentario:

El Ciclo de Experiencia Gestalt es un proceso que se mueve con energía, de tipo neuronal y emocional. Recuperar la proyección asimilándola en el darse cuenta es la llave que abre la compuerta para impulsarse hacia la acción y luego al contacto. En ese viaje, el terapeuta lo acompaña y le facilita su trayecto.

3.- CONSEJOS A LOS BUSCADORES

Autor: Brian Weiss.

Hace años intervine en una reunión new age de gran envergadura celebrada en Los Ángeles. Casi cuarenta mil personas se inscribieron y pagaron para escuchar a toda una serie de ponentes muy diversos, desde profesores de universidad y científicos serios hasta oportunistas advenedizos que soltaban sus sermones. Había médicos junto a dirigentes de sectas.

Mientras escuchaba afirmaciones de algunos ponentes, a cual más descabellada, sin ningún dato o estudio que las corroborase, me fijé en la reacción del público. Me quedé consternado al ver que muchos asistentes iban asintiendo, aceptándolo todo sin reflexionar ni rebatir nada.

La mayoría de los cuarenta mil iban porque querían algo más en su vida.

Muchos buscaban confirmación de sus propias experiencias psíquicas e intuitivas.

Sin embargo, en su mayoría se habían dejado en casa el espíritu crítico.

Me habría gustado dirigirme a los cuarenta mil en pleno para decirles que dejaran de buscar respuestas externas, remedios instantáneos, curaciones rápidas, para decirles que miraran en su interior. Ahora voy a dar unos consejos que no pude proporcionar a aquellas cuarenta mil personas que tantas ganas tenían de cambiar sus vidas.

Sea más espiritual. Dedique más tiempo a rezar, a dar, a ayudar a los demás, a amar. Hágase voluntario y exprese generosidad y amor. Despréndase del orgullo, del ego, del egoísmo, de la rabia, de la culpa, de la vanidad y de la ambición. Pase menos tiempo acumulando cosas, preocupándose, estancado en el pasado o en el futuro, haciendo daño a los demás o demostrando cualquier tipo de violencia.

No acepte nunca ninguna idea antes de contrastarla con su sabiduría intuitiva. ¿Es algo que fomenta el desarrollo del amor, de la bondad, de la paz y de la unidad? ¿O algo que promueve la separación, la división, el odio, el egocentrismo y la violencia?

Usted es inmortal. Está aquí para aprender, para saber más, para ser divino. Lo que aprenda aquí seguirá con usted cuando muera. No podrá llevarse nada más. Es así de sencillo. El reino de los cielos está en nuestro interior. Deje de buscar gurús. En vez de eso, búsquese a sí mismo. No tardará en encontrar su verdadero hogar.

*Comentario:

Hay gente que viaja hasta la India o China... buscando lo que está en su interior o en su jardín casero. Prefieren gastar dinero para adorar a cierto gurú, en vez de hacer conciencia de lo que proyectan en él, y sin darse cuenta que hay maneras de aprender espiritualmente sin gastar tanto dinero ni tanta dignidad o fanatismo. Lo mismo sucede con quienes coleccionan libros de autoayuda, cuando bastaría uno sólo de estos para revolucionarlos... si lo aplicaran a cabalidad.

4.- SENTIDOS Y CREENCIAS

Autores: Christian Fleche y Frank Olivier.

Un objeto cualquiera, neutro, puede con facilidad devenir en ambiguo. Se presta a recibir todo tipo de significantes. Puede ser una mancha de tinta, una nube, huellas de café...Puede ser, por encima de la Catedral de Pointe a pitre, un fenómeno atmosférico circular conocido, pero bastante raro...y como apareció en el momento de la elección del papa Benedicto XVI, algunos vieron en ello un signo de alianza entre Dios y la Tierra. Ese fenómeno no se convierte en un signo sino a partir del momento en el cual le aplicamos un mecanismo interpretativo. Es el mismo mecanismo de atribución de sentido que está presente y en operación en la manipulación mágica de los objetos (brujería, actos psicomágicos, animismo, por ejemplo). Alguna cosa neutra, un objeto desprovisto de significado, se convierte en el depositario de un sentido que nosotros le atribuimos, de manera personal o colectiva.

La realidad es ambigua. Las palabras, las frases, el comportamiento, la enfermedad, son ambiguas. Porque podemos soportar todo, salvo un mundo que no signifique nada. La peor situación es permanecer en el porqué, en el sinsentido.

Lo que no está pensado, lo que no se ha representado, lo que no pudo llegar a la representación interna, por falta de sentido o por el exceso de angustia que la representación pudiera implicar. Es por falta de simbolización de un contenido impensable que aparecen numerosos síntomas psíquicos, de la conducta, de las relaciones o somáticos.

*Comentario:

Personas depresivas que no dan un sentido a su vida, o que creen no significar algo a los demás, por eso algunos se hunden en la nada. Por eso la familia es clave, nos da significado de existir, de que importamos a alguien, a nuestros seres queridos. De no ser así, qué duro es sobreponerse a ese destino, para aprender a levantarse sin el apoyo familiar y encontrar nuestro propio sentido, después con la familia que formamos con una pareja.

Y a los objetos los teñimos de significados, de suerte, de maldiciones, de placer, de añoranza por poseer. A veces los acumulamos por años, los desechamos, los destruimos, los ambicionamos. Lo que creemos de ellos variará como varía nuestra edad y nuestras vivencias, desde infantilidades hasta perversidades, desde simple entretenimiento hasta creatividad admirable.

5.- SOBRE LA REPARACIÓN

Autora: Laura Day.

Celebra un funeral. Invita a tu círculo de amigos más íntimos y entierra a esa persona o situación (metafóricamente, desde luego) y toda su maldad. Pronuncia una oración fúnebre, tan larga como desees, improvisa, déjate sorprender por tus propias palabras. Tómate unos minutos para llorar al difunto, habla sobre la persona en la que te has convertido (en términos positivos, como si ya hubieras alcanzado tus objetivos) y da una pequeña fiesta. Yo he realizado este ritual -lo llamo un funeral y una boda- un sinfín de veces en mis talleres y puedo garantizar que es fuente de satisfacción, catarsis y salvación.

Haz una lista con las cosas que esa persona o situación te ha arrebatado. Ahora imagina a esa persona ante ti (o siente su presencia) y recupéralas una a una, que sepa que te pertenecen y que no puede quedarse con ellas.

*Comentario:

La primera actividad es un claro símil de acto psicomágico.

La segunda actividad sugiere un diálogo con silla vacía, aunque se le puede agregar ronda de tapping para cada cosa que se pretende recuperar.

La reparación es algo de lo que pocos hablan cuando se toca la temática del perdón.

6.- LA LOCURA

Autor: Wilson Van Dusen.

La locura es:

Una pérdida de los propios potenciales y tendencias naturales. Corresponde a esto un florecimiento de señales provenientes de los procesos internos.

Un alejamiento del sí mismo y del mundo compartido con las personas.

Un fracaso doloroso o una serie de fracasos dolorosos con uno mismo y con los demás.

Una restricción en la perspectiva del mundo propio y del significado de la propia existencia.

Una evolución hacia la inutilidad e improductividad en el sentido de cuidarse a sí mismo y a los demás.

El camino de salida de la locura es:

Hacer cosas útiles para contribuir al ambiente.

Actuar con tanta comprensión y consideración con los demás como sea posible.

En ambos casos, uno puede olvidar el sí mismo adolorido, al menos por un tiempo y restablecerlo como una parte significativa del mundo.

Correspondiendo a esto, la relación de los sentimientos internos y los símbolos mejorará.

El sumergirse en la psiquis es útil sólo en la medida en que se traduce en algún tipo de resultado socialmente activo.

Tal vez sea una paradoja curiosa, pero la locura es inutilidad. La salud es utilidad. Lo interno está revuelto tanto cuanto lo externo está revuelto.

Misteriosamente, la realidad de lo interno es lo externo.

*Comentario:
La locura continúa siendo una esfera complicada para cualquier enfoque terapéutico, porque no está del todo clarificada en sus causas y procesos. Por eso se tienen éxitos aislados. No es suficiente dopar al paciente y pretenderlo curar con química. El afecto y el amor de las relaciones familiares, sociales y de pareja que hay en un individuo con locura, requieren algo más que dosis de drogas camufladas.

7.- LIMPIEZA DE ENERGÍAS NEGATIVAS

Autor: Dr. Francisco Barnosell.

Como sabemos que existen estas transmutaciones, es necesario que se realicen ejercicios de limpieza sanadora para evitar que las energías negativas se queden con nosotros, e incluso para no captar de forma involuntaria las energías negativas de otras personas. Según su absorción energética, puede deberse a:

A. Por bostezo

Es muy común entre las personas que manejan energías, ya sean médiums o sanadores. Muchos de los que mueven energías comienzan el proceso del tratamiento o de canalización con la presencia de frecuentes bostezos, sobre todo al principio de la acción. Luego, puede normalizarse (o habituarse) la situación, y los bostezos disminuyen o desaparecen totalmente a lo largo de la sesión.

El acto del bostezo significa en estos casos el intercambio o transmutación de energía entre el sanador y el paciente. Así pues, el sanador coge (coloquialmente se dice «chupa») la energía negativa del paciente a través del bostezo y el paciente quedará limpio de este tipo de energía anómala para él. Luego, el sanador deberá hacer unos ejercicios concretos para sacarla de su interior y limpiarse.

Hay personas que son tan sensibles desde el punto de vista energético que de forma involuntaria y sin querer «chupan» la energía de otros en cualquier lugar.

Por ejemplo, dentro de un autobús con más gente, en una reunión, etcétera.

Siempre ocurre en lugares con aglomeración de gente. Los receptores de esta energía son personas normales (no sanadoras) y saben que tienen esta cualidad y cuándo les ocurre. Este tipo de personas son las mismas que al entrar en una edificación antigua en la que han ocurrido hechos cruentos perciben vibraciones nefastas en su propia piel. Es decir, la memoria de los muros (las piedras) les pasan las energías anómalas residentes y las sienten dentro de sí. Son capaces de advertir casas enfermas y centros geográficos concretos, como puertas astrales, gracias a su sensibilidad exacerbada. Cuando entran en estos locales también producen un bostezo de recepción de energía, que en este caso procede de una materia muerta como las piedras.

Suele ocurrir mucho al hablar por teléfono. Al acabar la tanda de bostezos contagiosos, alguno de los dos puede comentar: «Me debo haber tragado toda tu negatividad».

A nivel de los chakras, está controlado por el del tiroides (zona de la garganta).

B. Por eructo

El mecanismo de acción y su punto de inicio son los mismos que en el caso anterior, pero ahora el sanador eructa al absorber la energía negativa del otro y expulsarla inmediatamente. No es tan frecuente como el caso anterior, pero ocurre.

Esto se debe a la activación del chakra del plexo solar, que predomina sobre el del tiroides (situado más arriba). Así como el caso anterior pasa más desapercibido socialmente, este es un verdadero problema, porque es imparable cuando empieza. Suele ser muy vistoso y con un sonido grave muy evidente.

Durante el tratamiento, el sanador produce repetidos eructos, que es la forma que tiene de captar la energía del paciente para curarlo y luego lanzarla hacia fuera.

Antes de mencionar el tratamiento o corrección del eructo secundario a la recepción energética (no por otros motivos, como sería la salida de gas de algunas bebidas...), deseo explicar el caso de Natalia, que está relacionado con el inicio, el curso y el tratamiento de esta patología.

Natalia llevaba una vida normal hasta que hace ocho meses se decantó por un camino más espiritual. Asiste a conferencias y trata a pacientes, pero de forma médica convencional. Hace seis meses empezó a eructar, en un proceso que va *in crescendo* y que llega a ser un problema enorme para llevar una vida familiar y laboral normal.

Acude a varios especialistas médicos y le ponen diferentes etiquetas de su «mal», pero en ningún caso es diagnosticada. Llama la atención que cuando está tumbada en la cama o en un sofá, estos ceden rápidamente. Lo mismo ocurre cuando duerme. Son los únicos momentos de descanso, porque, por lo demás, durante todo el día van apareciendo sin orden, causa o predisposición.

Ha pasado por estudios digestivos, respiratorios, neurológicos, de biorretroalimentación, rehabilitación y pruebas complementarias, y todas eran normales. Pero lo evidente es que ella sigue eructando.

Consulta con un sanador energético y este le comenta que acaba de entrar en el mundo de la sanación y que es su forma de captar la energía de sus pacientes.

El sanador le recomienda que, a base de visualizar el mecanismo del eructo, que se inicia en el chakra del plexo solar (zona digestiva), lo desvíe hacia el chakra del tiroides, que es la zona de la garganta, y reconvierta el mecanismo de acción, que en este caso sería el bostezo (para ella el bostezo es mejor que el eructo...un mal menor). Así lo hace, y parece que está teniendo éxito con el desvío energético, pero de forma parcial.

Lo curioso es que la medicina ni sabe que existe esta posibilidad, así como la negatividad de todas las exploraciones practicadas.

Actualmente el curso de su enfermedad tiende a mejorar, pero falta lo mejor.

Hace dos semanas soñó con una planta que desconocía: el cilantro.

Cuando se despierta, mira en su PC qué es y se lleva una sorpresa mayúscula cuando lee que es una planta que se utiliza en tratamientos digestivos, y específicamente para solucionar eructos.

Hace una semana le pasó lo mismo dos veces más: con la angélica y con la esencia de pino. Cuando lee sus propiedades se vuelve a quedar estupefacta, porque lo que dicen también está relacionado.

¿Ha recibido varias informaciones por canalización para curarse? Lo evidente es que no conocía estas plantas, y menos sus propiedades curativas.

Ha utilizado estas plantas para su uso personal (a modo de infusiones o mezcladas con la ensalada), y la mejoría hay sido notable. Parece ficción, pero es verdad.

C. Por digestión

Este es el tipo de absorción energética más raro e infrecuente. Los mecanismos de acción son los mismos que los anteriores: hay absorción energética por parte del sanador, que la sitúa en su zona digestiva (intestino).

Lo diferente en este caso es que el sanador necesita eliminarla por defecación al poco tiempo de haberla absorbido (entre una y dos horas). Se presenta con ruidos gaseosos intestinales, sensación de plenitud digestiva y, finalmente, con un dolor en la zona intestinal baja, lejano pero evidente. El dolor es el que obliga a ir rápidamente al baño.

No tiene por qué ocurrir necesariamente en un acto de sanación, porque también sucede al estar cerca de una persona que vaya «muy cargada» de energía negativa y el sanador la absorba de forma involuntaria.

Lo curioso de esta posibilidad es que aunque el sanador haya defecado recientemente y por él no volvería a hacerlo hasta el día siguiente aparece la necesidad de hacerlo otra vez, y en cantidad copiosa (el tracto digestivo estaba limpio de heces, pero estas vuelven a aparecer por absorción energética, materializando la energía negativa en desechos biológicos).

Para finalizar, deseo comentar que cuando una persona llega a su casa después de un día duro de trabajo y se sienta en el sofá, donde le espera su pareja, se establece un trasvase energético del que lo necesita más al que lo precisa menos. Es posible que se tome una bebida que lo reconstituya, pero, desde el punto de vista energético lo que funciona mejor (habitualmente de forma oculta y sin saberlo) es el robo energético. Después de un rato, uno ha cargado pilas y el otro comenta:

—No sé qué me pasa contigo... Cuando llegas me dejas «descargada/o» y muy cansada/o.

Lo bueno de todo esto, al menos, es saber que existe.

*Comentario:

Esta contaminación de «toxinas» energéticas afectan el cuerpo y la mente, y si no sabemos que existe pues puede ocasionar malestares y hasta ser objeto de desarrollar alguna enfermedad. Cuando un sanador (sea terapeuta, psicólogo, curandero, chamán, etc.) no se sabe proteger espiritualmente, pueden sucederle situaciones o síntomas que pueden malograr su salud o hasta poner en riesgo su rendimiento y efectividad, a veces sin sospecharlo siquiera. A mí me llegó a suceder algunas veces en los primeros dos años que laboré en un Centro penitenciario, sobre todo ante personas ‹densas' con historial de delitos graves. Por no saber protegerme llegué a sentir náuseas, vértigo, cefaleas (dolores de cabeza), bostezos, dolor de estómago, cansancio repentino, sensación de pesadez y agotamiento en el cuerpo, entre otros. Después, en la Gestalt, Constelaciones y Gnosis aprendí varias maneras de protegerme y luego limpiarme de esas energías que cargaban esas personas (homicidas, narcotraficantes, sicarios, violadores, secuestradores, etcétera).

8.- TERAPEUTA, PACIENTE Y ENFERMEDAD

Autor: Guillermo Borja.

Lo que más átemoriza al ser humano es caer en una crisis, porque pone de manifiesto todo lo que está irresuelto: la dependencia, la necesidad, la carencia... No se puede resolver nada profundo si no es a través de una crisis, pues ella misma posee los elementos de la curación. Los procesos terapéuticos deben buscar los momentos de crisis, provocarlos, no irlos suavizando. La crisis del paciente es una estrategia heróica.

El ego viene de tal manera disfrazado que parece que sufre, que pide ayuda, pero lo único que intenta es fortalecerse y seguir en el trono. ¡El ego intenta la salud pasando primero por un salón de belleza! Sin embargo, el proceso de la curación pasa por convertirse en un enfermo más enfermo.

Y es ahí donde el terapeuta intelectualiza más, para parecer menos enfermo y tener más control. Si la salud y la verdad no se manifiestan libremente no son tal. Si yo tengo que controlar mi pensamiento, mi emoción y mi acción, es que hay algo irresuelto en mí. La presencia y la transparencia no amenazan a nadie, no atentan contra nadie, al ego sí, porque teme perder el control, como si creyera que la esencia humana es mala. La esencia del ser humano es buena, el ser humano es bueno, ¿por qué controlar lo que es bueno?

La diferencia entre terapeuta y paciente es que el primero reconoce su enfermedad, seguirá estando enfermo y no se opondrá a este continuo caminar, mientras el segundo se niega, se quiere quitar la enfermedad y su fantasía es realizar el tratamiento para no ser más un enfermo. La lucha del terapeuta es enseñarle que las cosas suceden y que tener actitud ante la vida es trascender el sufrimiento, trascender la enfermedad, que esto no se va a acabar hasta el día de morir. En lugar de resolver se trata de fortificar la actitud ante la vida; hay cosas que no podemos cambiar, pero podemos cambiar la actitud hacia ellas. Esto es aceptación y sólo con la aceptación se acabarán los porqués.

Ahí es donde está el camino del terapeuta. Su verdadero trabajo no es alcanzar una meta sino estar en el camino, no importa dónde se 'esté', sino cómo se está. El cómo es lo que se le enseña al paciente.

*Comentario:

Antes de ser estudiantes de Psicología y Psicoterapia estuvimos en crisis. Durante las carreras mencionadas y después de ellas también hemos estado en crisis. Hemos resuelto algunas, han surgido otras y seguirán surgiendo más. Coincido con Guillermo Borja en que estaremos en constantes crisis, y lo que nos diferencia con las demás personas es la manera en que las afrontamos y solucionamos, porque sabemos cómo, cada quien con nuestras herramientas terapéuticas y espirituales. Es cierto que en nuestra comunidad de Psicología y Psicoterapia existen compañer@s que pretenden aparentar no tener problemas, cuando en realidad todos los tenemos: personales, familiares, de pareja, económicos, sociales, laborales. Por eso es tan indispensable la limpieza frecuente en talleres, cursos, religión o camino espiritual, salud física, meditación, disciplinas corporales, y autoterapia energética o de lo que nos sea útil.

9.- SUEÑOS Y EXISTENCIA

Autor: Fritz Perls.

Ahora bien, si mi suposición es correcta, y desde luego creo que lo es, todas las partes diferentes del sueño son fragmentos de nuestra personalidad. Ya que nuestro objetivo es hacer de cada uno de nosotros una persona entera, unificada, sin conflictos; lo que debemos hacer es juntar todos los fragmentos del sueño. Debemos reposeer estas partes proyectadas, las partes fragmentadas de nuestra personalidad. Debemos reposeer el potencial escondido que aparece en el sueño.

La reposición de nuestros sentidos y el entender proyecciones, van de la mano. La diferencia entre realidad y fantasía, entre observación e imaginación, es una diferencia que va a requerir bastante trabajo para poder esclarecerse.

Un modo de reasimilar, recuperar lo proyectado, es proyectándonos completamente en la cosa o persona. Lo que siempre resulta ser patológico es la proyección parcial. La proyección total es la llamada experiencia artística. Es una identificación con la cosa en cuestión. En el Zen no se le permite a uno dibujar una sola rama hasta que no se haya uno convertido en esa rama.

Ahora quiero que cada uno de ustedes se transforme en algo un tanto diferente. Transfórmense en...a ver, en un camino...

Ahora transfórmese en un automóvil...

Ahora en la mamá...

*Comentario:

Cuando «estrellamos» cristales en los demás (objetos o personas) tendremos que saber que esos fragmentos forman parte de nuestro ser, por lo que es necesario retornarlos a nosotros y volverlos a ensamblar en su puzzle original. En el recuento de los daños y de los sueños, en el análisis de las piezas de cristal, la meta es darnos cuenta que no son desechables, son nuestras y tienen un mensaje, un propósito del que no fuimos conscientes al momento de estrellarlos, en la vida cotidiana o en un sueño cristalino.

10.- IMPORTANCIA DEL PRANAYAMA

Autor: Dr. Amit Goswami.

Hay que resaltar la gran importancia de los ejercicios de respiración, o *pranayama*, entre las prácticas de limpieza de los chakras. El movimiento del *prana* a lo largo de los *nadis* en el cuerpo vital es equiparable, y se relaciona con, el movimiento del aire cuando respiramos; ésta es la base del pranayama. Si respiramos superficialmente, sentimos la respiración exclusivamente en la región de la nariz y la garganta. Si respiramos un poco más profundo, comenzamos a sentir el aliento en el pecho. Pero cuando respiramos profundamente, podemos sentir el aliento en la región del estómago. Hay una forma de pranayama que consiste, sencillamente en respirar profundamente y con conciencia, prestando atención a la respiración.

A medida que nuestra respiración se haga más lenta (y éste es el resultado al que nos lleva la práctica del pranayama), también se ralentizará el movimiento del *prana* a lo largo de los *nadis* que conectan los principales chakras. Con ello, aumentaremos la conciencia del movimiento del *prana*; concretamente, nos haremos concientes de los intervalos entre los colapsos cuánticos del movimiento *pránico*.

*Comentario:

Uno de los secretos para el sexo sagrado es la respiración pranayama. Por otra parte, el autor Mann Longlove, en su libro ‹Hombre, retrasa tu orgasmo controlando tu respiración' nos dice básicamente que: «*Para prolongar la relación debemos mantener una respiración lenta, profunda y pausada. Esto nos ayudará a concentrar-*

nos en las sensaciones y en el presente para disfrutar completamente del momento».
El pranayama nos ayuda a la integración cerebral al alternar bilateralmente la respiración en las narinas, además de valerse del diafragma.

11.- MÁS FUERTE QUE EL BUDA

Autor: Alejandro Jodorowsky.

-¿Hay algo que sobrepase al buda, que sobrepase al patriarca? -le preguntó el discípulo a su maestro Ummon.
-Sí -respondió el maestro-, una rosquilla.

-¿Cuál es tu filosofía?
-Cuando como, como. Cuando duermo, duermo.

*Comentario:
Lo que sobrepasa cualquier fantasía, utopía o profeta es la experiencia inmediata, porque a final de cuentas estamos en un planeta de tercera dimensión, donde experimentar materialmente será poderoso en ese momento, cualquier otra cosa requerirá disciplina y trabajo a mediano o largo plazo.

12.- EL CARÁCTER DEL PADRE

Autor: Francisco Peñarrubia.

Las variantes neuróticas de la relación paterno-filial tienen mucho que ver con el carácter del progenitor. Para entenderlo, mejor vamos a revisar el mapa del Eneagrama según la teoría de los Eneatipos de Claudio Naranjo. Para quienes no conozcan el tema, se trata de una caracterología ancestral, transmitida a través del sufismo y del cristianismo primitivo (de ahí su formulación como «pecados capitales»), que especifica nueve tipologías de funcionamiento mecánico (y por eso neurótico, es decir, sin conciencia) que afectan a la totalidad de la persona: a su mente, a sus afectos y a su conducta, los tres centros a los que en otro momento hemos aludido: intelectual, emocional y motor. Es una estrategia de adaptación muy temprana con la que el niño aprende a sobrevivir en el entorno familiar, adoptando la personalidad que mejor se ajusta a la situación. Así tenemos, por ejemplo, el que se especializa en complacer a los adultos, el que se posiciona en la queja y en el reclamo para obtener atención, el que desconfía de lograrla y se refugia en una autonomía excesiva, casi autista, el que se especializa en la acción externa para desconectarse del sufrimiento interior, etc.

Todos funcionamos con esa falsa personalidad a lo largo de la vida, incluso

cuando ya no cumple su cometido biográfico, lo cual ahonda en la separación profunda entre lo que somos (la esencia) y lo que aprendimos a ser (el carácter).

Y todo padre actúa y se comporta según su carácter o eneatipo, sin cuestionar su naturaleza mecánica heredada del pasado, a no ser que se comprometa con un trabajo de autoobservación, de terapia, de autoconocimiento…

Como en una cadena fatal, el padre transmite al hijo el modelo neurótico de su carácter, al cual el niño se adapta o reacciona también de forma inconsciente.

Tras este resumen de algo mucho más complejo, vamos a ver el perfil puntual de nueve tipos de padre, según estos pecados capitales o eneatipos.

*Comentario:
Si logramos identificar el eneatipo de nuestro padre y el nuestro, tendremos una herramienta para avanzar en nuestras propias relaciones con nuestro padre, primer paso para posteriormente podamos facilitar la ayuda a nuestros consultantes.

13.- NEGATIVA Y CONFRONTACIÓN VENTRALES

Autores: Joe Navarro y Dr. Marvin Karlins.

Estas manifestaciones del torso, que reflejan la necesidad del cerebro límbico de distanciarse o evitar a algo o a alguien, son muy buenos indicadores de los verdaderos sentimientos. Cuando una persona siente que las cosas van mal en su relación, es muy probable que esté percibiendo un sutil grado de distanciamiento físico en su pareja. El distanciamiento puede tomar la forma de lo que se denomina *negativa ventral*. Nuestra parte (frontal) ventral, donde se hallan los ojos, la boca, el pecho, los genitales, etc., es muy sensible a lo que nos gusta y a lo que nos disgusta. Cuando las cosas van bien, exponemos nuestros lados ventrales hacia aquello que nos atrae, incluyendo a esas personas que nos hacen sentir bien. Cuando las cosas van mal, las relaciones cambian o, incluso, cuando se habla de temas que no nos gustan, mostramos una negativa ventral, cambiando de posición o girándonos. La parte ventral es la más vulnerable del cuerpo, así que el cerebro límbico tiene la necesidad inherente de protegerla de aquello que nos hace daño o nos molesta. Ésta es la razón por la que, de un modo inmediato y subconsciente, empezamos a girarnos levemente hacia un lado cuando alguien que no nos gusta se nos acerca en una fiesta. En lo que se refiere a relaciones sentimentales, un aumento en la negativa ventral es uno de los mejoress indicadores de que esa relación tiene problemas.

Lo contrario a la negativa ventral es la exposición ventral o, como me gusta llamarla, la confrontación ventral. Exponemos nuestra perspectiva ventral ante aquellos que nos caen bien. Ofrecemos nuestra perspectiva ventral a aquellos que nos importan y nuestra espalda a aquellos que no.

De un modo similar, mostramos bienestar usando nuestros torsos y hombros para inclinarnos en dirección a lo que nos gusta. En el aula no es inusual que los estudiantes se inclinen hacia su profesor favorito, sin darse cuenta de que están echados hacia delante, poniendo atención en cada palabra.

*Comentario:

El torso en su parte ventral es nuestra parte vulnerable, la que en ocasiones cubrimos de manera inconsciente para protegernos de algo que vemos o escuchamos. Los ‹golpes energéticos' llegan también ahí, y nos afectan en la parte ventral en forma de dolores, cambios en ritmo respiratorio y sobre todo, algunos sabemos que a través del plexo soalr recibimos impresiones.

En lenguake corporal, al torso se le considera una zona prohibida para tocar cuando no existe la suficiente confianza con la otra persona.

14.- TRABAJAR EL CUERPO Y EMOCIONES

Autor: Alexander Lowen.

El trabajo sobre el cuerpo conducirá inevitablemente a entrar en contacto con sentimientos reprimidos. Conforme tu organismo deviene más vivo, sientes más. El sentimiento es la percepción del movimiento interno, y la meta de estos ejercicios es aumentar la capacidad de una persona para el movimiento y el sentimiento. Así, conforme el cuerpo comienza a vibrar, las vibraciones pueden aumentar y convertirse espontáneamente en los movimientos convulsivos más intensos del sollozo. El sollozo puede ser experimentado simplemente como un alivio, o ser acompañado de un sentimiento de tristeza, sin que la persona sepa por qué está triste. La mayoría de nosotros ha suprimido su tristeza y su llanto, a fin de presentar al mundo una cara sonriente. Se nos enseñó que nadie desea ver un rostro compungido. «Si lloras, hazlo en soledad», dice el lema familiar. Ahora, conforme el cuerpo se aviva, la máscara se viene abajo, y la tristeza y el llanto erupcionan en la superficie.

Si esto sucediese, ¿aceptarías el sentimiento? Si puedes, nuestro consejo es que sigas con él, pues el sentimiento es la vida del cuerpo. Pero puede no sólo ser tristeza lo que salga. Temor e ira pueden también manifestarse. Recuerda que estos sentimientos no son provocados por los ejercicios, sino meramente evocados por ellos. Estos sentimientos han sido suprimidos por tensiones musculares crónicas y por el amortecinamiento del cuerpo. Una vez más, la pregunta es: ¿puedes aceptar el sentimiento, comprendiendo que hace referencia a una situación pasada? Sólo necesitas decir: «Sí, estoy asustado», o «Siento que estoy encolerizado». Si puedes permanecer con el sentimiento o contenerlo, te beneficiarás de ello. Puedes asimismo descargar el sentimiento expresándolo, si eres capaz de manejar la expresión. Un modo de descargar el temor en la bioenergética es chillando, y la ira, golpeando una cama o retorciendo una toalla. Esto se explicará con más detalle en una parte posterior del libro.

Sólo tendrás problemas durante los ejercicios si te sientes amenazado o abrumado por tus sentimientos. En tal caso, detén el ejercicio inmediatamente y permite que el sentimiento decaiga. No hay beneficio alguno que obtener con ello, y puede ser peligroso tratar de superar una ansiedad asociada con sentimientos que eres incapaz de manejar.

Aquí, como antes dijimos, se hace necesario buscar ayuda profesional. Pero si puedes permanecer con la percepción del cuerpo y mantener tus sentimientos bajo control consciente, te volverás cada vez más capaz de aceptarlos, contenerlos y expresarlos adecuadamente.

Si tienes algún tipo de incapacidad o enfermedad física, deberías consultar a tu médico antes de emprender cualquier programa de ejercicios, incluido éste. Los ejercicios en sí mismos no son peligrosos ni dañinos para el cuerpo, ni siquiera en caso de enfermedad, pero *entonces* deberían llevarse a cabo con la aprobación de un doctor.

*Comentario:

La memoria corporal es un campo minado que, al explorarse, detonará lo guardado en el pasado: emociones enterradas entre piel y músculos, asociadas a eventos traumáticos infantiles o adolescentes. La Bioenergética es una técnica, así como otras, que tiene la capacidad de evocar esa memoria corporal y trabajarla para transformar esa energía emocional, de algo disfuncional a funcional.

15.- EL SOMBRERO NEGRO.

Autor: Edward de Bono.

Lo lógico-negativo.

Por qué no funcionará.

No encaja en nuestro conocimiento y experiencia.

Juicio crítico.

El punto de vista pesimista.

Debe decirse que la mayoría de los pensadores —tanto los entrenados como los no entrenados— se sentirán sumamente cómodos usando el sombrero negro. Esto se debe al énfasis occidental en la discusión y la crítica.

Aunque parezca sorprendente, la opinión mayoritaria cree que la función principal del pensamiento consiste en usar el sombrero negro. Desgraciadamente, esto deja de lado por completo los aspectos generativo, creativo y constructivo del pensamiento.

Sin embargo, el pensamiento de sombrero negro es una parte muy importante del pensamiento.

Este modo de pensar es siempre lógico. Es negativo pero no es emocional. El rol emocional-negativo corresponde al sombrero rojo (que cubre también al emocional-positivo). El pensamiento de sombrero negro mira el lado oscuro o "negro" de las cosas, pero siempre se trata de una negrura lógica. Con el sombrero rojo no se tiene que dar las razones de un sentimiento negativo.

Con el negro se debe dar siempre razones lógicas y relevantes. De hecho, uno de los grandes valores del sistema de los seis sombreros para pensar consiste en separar de modo preciso lo emocional-negativo de lo lógico-negativo.

---No creo que la rebaja de precios vaya a funcionar.

...Eso es pensar con sombrero rojo. Quiero que me diga sus ideas de sombrero negro. Quiero sus razones lógicas.

--Nuestras experiencias anteriores —que puedo mostrarle en forma de cifras de ventas— señalan que de la rebaja de precios no han resultado ventas suficientes para compensar la reducción del margen de ganancias.

También nuestros rivales han intentado la rebaja de sus precios para competir mejor.

Las razones del pensamiento de sombrero negro deben valer por sí mismas. Deben ser utilizables por cualquiera. Deben ser razonables no sólo cuando las presenta una persona de carácter fuerte en forma persuasiva, sino también cuando se las expresa con frialdad en un libro. El pensamiento de sombrero negro se basa en la lógica de la igualdad y la diferencia.

El pensamiento de sombrero negro debe ser lógico y veraz, pero no tiene que ser justo.

*Comentario:

El sombrero negro es para usarse en algunas ocasiones, de otra manera seríamos cadáveres en situaciones donde necesitamos sentir, amar o meditar. No eliminar este sombrero, simplemente ser inteligentes de saber cuándo y cómo usarlo.

16.- COMPLETAR EL PROCESO CON TODAS LAS PARTES.

Autoras: Connirae & Tamara Andreas.

COMPRENSIÓN DE LA ESTRUCTURA.

En la demostración de Greg, hemos visto los diez pasos completos del Proceso de Transformación Esencial. Normalmente, cuando sólo se hace el ejercicio del Estado Esencial, el *desarrollo de la parte, y la integración total de la parte en el cuerpo*, los resultados son contundentes y duraderos. Sin embargo, a veces hay otras partes implicadas también en el tema que nos ocupa. Por ello, estaremos más seguros de lograr un cambio profundo y duradero si aplicamos el Proceso de Transformación Esencial a todas las partes implicadas.

PASO 9: DESCUBRIMIENTO DE LAS PARTES OBJETORAS

Cuando Greg finalizó su trabajo con la primera parte (aquella que le impedía hacer partícipe de sus comentarios positivos a su hijastro) parecía que había acabado el proceso. Pero era importante verificar si había alguna otra parte implicada, ya que cuando esto ocurre si esta parte no tiene Estado Esencial, es muy probable que interfiera con los resultados que queremos obtener.

El descubrimiento de las partes objetoras es muy sencillo. Una vez que hemos acabado el trabajo con la parte interna con la que empezamos, nos hacemos interiormente la siguiente pregunta:

«¿Hay alguna parte de mí que ponga objeciones a que yo tenga [Estado Esencial] como forma de ser en el mundo?». Si obtenemos un «sí» por respuesta, entonces es que debemos aplicar el Proceso de

Transformación Esencial en esta parte.

EL OBSEQUIO DE LAS PARTES OBJETORAS.

Cuando la gente descubre en ella misma una parte objetora, se sienten a veces contrariados o molestos. Ello es debido a nuestra ilusión de que las objeciones son algo que se interponen en nuestro camino. Cuando las partes objetoras se dejan ver, la realidad es que nos están aportando lo necesario para llegar a Estados Esenciales que son lo suficientemente plenos, ricos y poderosos como para transformar nuestras vidas. Cuando Greg tuvo paz interior no sólo aportada por su primera parte, sino por aquella otra segunda que en un principio le ponía objeciones, la calidad de su Estado Esencial quedó ampliamente enriquecida.

Cada una de nuestras partes internas representan una cierta cantidad de nuestra energía y vitalidad. Al incluir todas nuestras partes lo que hacemos, literalmente, es ganar en ambas, de forma que nuestra energía comienza a moverse ahora de manera conjunta, y no dispar.

Cada vez que realizamos el Proceso de Transformación Esencial con nosotros mismos, nuestras partes se desdoblan de un modo ligeramente diferente. En el próximo capítulo *Cómo reconocer partes que es necesario incluir*, hallaremos interesantes ejemplos sobre los distintos modos en que las partes de las personas se desdoblan.

*Comentario:

El autosabotaje psicológico es más común de lo que se podría pensar a primera vista. Por eso, muchas personas no avanzan o se bloquean, porque no logran descubrir qué es lo que les impide abandonar tal conducta o actitud que les causa malestar o hasta fracasos. Para descubrir los autosabotajes existe una herramienta muy valiosa como lo es el test kinesiológico de verificación muscular. Es que los autosabotajes están a nivel inconsciente, no en la voluntad conciente.

17.- COMUNICACIÓN CON ADOLESCENTES.

Autora: Danie Beaulieu.

NO HABLES A SU CABEZA.

Cuando reaccionas ante comportamientos inapropiados del adolescente diciendo «¿Cuántas veces te he dicho que...?», «¡Ordena tu habitación!» o «¡Deja el teléfono!», hablas a su cabeza y no a su corazón. Su cabeza está llena de sus propias preocupaciones. Conoces las consecuencias que derivan de esto: no te oye, subes el tono para que te escuche, la agresividad continúa subiendo y se termina con insultos y sin colaboración.

TRATA MÁS BIEN DE ALCANZAR SU CORAZÓN.

Como dice Jacques Salomé: «Hace falta aprender a entrar en RELACION y no en REACCION con el otro». Esto es posible cuando estamos a la escucha y formulamos en primer lugar nuestro comentario según la lógica íntima o los sentimientos del joven.

Por ejemplo, puedes decir al joven: «Sé que te sientes cansado de verdad y que quisieras descansar, pero apreciaría enormemente que me ayudaras a preparar la cena», «Sé que estás en desacuerdo con mi respuesta. Te agradezco que colabores aunque estés enfadado conmigo» o «Tus conversaciones al teléfono con tu compañera parecen muy interesantes e importantes para ti. Pero como tenemos una línea para todos los de la casa, me gustaría que encontráramos juntos una solución para respetar a cada uno».

Al hacer el esfuerzo de comprender la realidad interior de tu hijo, te sorprenderá ver que colabora mejor y muestra mayor apertura. Los comportamientos son siempre coherentes cuando se comprenden los sentimientos y la lógica íntima subyacentes.

No se puede ayudar al adolescente eficazmente sin comprender lo que le mueve interiormente. Estate a la escucha.

Ejemplo: Thierry, 15 años.

Acontecimiento: Alguien se ha reído de él en el autobús.

Lógica íntima: «Este Hugues es un idiota ¡Cuando pienso que se ha permitido reírse de mis orejas en el bus, delante de todo el mundo!

Sentimientos: Agresividad, humillación.

Comportamientos: El chico vuelve de la escuela, tira su mochila en la entrada y se encierra en su habitación dando un portazo.

Si reacciono al comportamiento, diré: «¿No puedes comportarte cuando llegas a casa?». Consecuencias: Exacerbación del sentimiento de hostilidad de tu hijo, cerrazón y posibilidad de deterioro de la situación.

Si reacciono a su lógica íntima o a sus sentimientos, diré: «Me parece que las cosas no van como tú quisieras, ¿no es así? No tienes aspecto de sentirte bien. Tengo la impresión de que te ha ocurrido algo desagradable o molesto en la escuela ¿me equivoco?». Consecuencias: El joven se siente escuchado, respetado, y la interacción engendra un acercamiento en lugar de resistencia. Observa que ambos os beneficiáis.

*Comentario:

En un caso que atendí, el adolescente se rebelaba porque no era escuchado por sus padres, a pesar que en ocasiones la madre le preguntaba -sin contemplar el contexto- qué le pasaba. Esto, aunado a una disciplina desordenada que le aplicaban sus padres, cerraba el círculo disfuncional que no sabían romper porque ni siquiera se daban cuenta que lo habían formado así.

Cuando se les mostró la metáfora del círculo creado (una «rueda giratoria sin fortuna») se dieron cuenta que de seguir así empeorarían las cosas. Hubo de comprometerse cada miembro del círculo: hijo, padre y madre. El proceso de sesions continúa, con una mejora gradual.

18.- INVESTIGAR EL PASADO

Autores: Cora Besser-Siegmund y Harry Siegmund.

Con frecuencia, se pueden observar paralelismos en la vida de los hijos y de los padres, aunque no siempre son tan evidentes como en el caso de Stefan. Teníamos, por ejemplo, el caso de un maestro con tendencias políticas verdes, ecologistas, que se escandalizaba ante la postura derechista y xenófoba de su hijo de diecisiete años. No encontraba la forma de que el testarudo de su hijo le hiciera caso. Desesperada por las continuas discusiones en casa, la mujer apareció con él en nuestra consulta para parejas, y descubrimos que hacía años el padre había proclamado sus propias convicciones políticas ante su hijo con una seguridad e intensidad exageradas. «En realidad, los dos se parecen mucho», dijo la mujer. A su vez, durante su propia juventud, el maestro había sacado de quicio a su padre conservador con su postura izquierdista y su forma de vestir, la típica de los estudiantes de los años sesenta. En esta obra familiar se repetía entonces el patrón del choque entre convicciones políticas opuestas entre hijo y padre, en el que cada uno defendía la suya de manera imperturbable y rechazaba la otra. Y cada hijo aprendía de su padre a entender la propia postura como la única correcta.

Conviene buscar los paralelismos entre las relaciones de antes y las de-ahora no tanto en el contenido, sino en la dinámica interpersonal. En vez de preguntar qué hacían, hay que fijarse en cómo lo hacían. Mediante esta última fórmula, una exitosa ejecutiva llegó a la conclusión sorprendente de que tenía el mismo tipo de relación con su marido que anteriormente había tenido con su madre. Solía preguntarse por qué prefería a un hombre con un carácter tan distinto al de los hombres de su familia de origen, cuando en realidad su relación con éstos había sido muy buena. Sin embargo, había sido la madre la que incentivaba los talentos de la niña, de la misma manera que ahora el marido la apoyaba en su carrera profesional. Un marido con el carácter de su padre, un hombre muy cariñoso y cálido, no habría aguantado a su lado a una ejecutiva ambiciosa.

Después de esta breve digresión, quisiéramos presentarte otro método mental para determinar la época de tu película: imagínate una línea que cruza la habitación. Esta línea representa tu vida. Ahora, marca uno de los extremos con un objeto real, que simboliza el presente. El extremo opuesto representa el momento de tu nacimiento. A continuación, ponte de pie en el punto del presente, de espaldas a la línea. Con pasos lentos y cautelosos, vete hacia atrás recorriendo la línea hasta la juventud. En muchos casos, las personas notan un punto determinado que les hace dudar y pararse. Si tienes también esa sensación, da un paso a un lado para alejarte de la línea y marca ese punto con otro objeto. Finalmente, intenta averiguar a qué edad, a cuál de tus yos jóvenes, podría corresponder el punto marcado.

Si, siendo adulto, sigues teniendo una buena relación con tus padres, hermanos y familiares, deberías incluirlos en las investigaciones sobre tu pasado, mientras tengas la oportunidad de hablar con ellos «en vivo». Incluso los tíos y tías, y los primos y primas lejanos pueden a veces aportar unos datos reveladores, como por ejemplo:

-Me acuerdo perfectamente de que te quedaste de repente muy serio y callado cuando nació tu hermano. Hasta ese momento habías sido siempre un niño muy alegre y travieso.»

Por otro lado, en la Constelación Familiar Imaginativa no tiene tanta importancia si tus recuerdos del pasado son perfectos o si son una recopilación de lo que te han contado otros y los recuerdos fragmentarios propios. Lo que cuentan los demás se almacena igualmente en tu cerebro y tiene su efecto en las neuronas y, a través de las conexiones neuronales, también en tu estado anímico y físico.

Es posible también que tu familia de origen no cambiara de constelación a lo largo de muchos años, o incluso décadas. Si es así, determina un momento en el tiempo entre los tres y los siete años, es decir, en la fase en la que están localizados los primeros recuerdos intensos de la familia. Si crecías con varios hermanos a la vez, elige un momento en el que ya hayan nacido todos ellos. Quizá en ese momento el más pequeño era sólo un bebé.

*Comentario:

Me parece importante subrayar lo que señalan los autores alemanes, en cuanto a indagar en las pautas de interacciones familiares del pasado, y no tanto en el contenido de dichas interacciones. Fijarnos más en la estructura interaccional que en los temas. Tal como sugieren en la PNL. En la estructura interaccional investigaremos quiénes, cómo, dónde, por qué y para qué.

19.- ACEPTACIÓN DE UN CUERPO DETERIORADO.

Autora: Cristina Tena.

Otras provocan ceguera como la retinopatía diabética, etc. trayendo como consecuencia un intenso dolor físico y emocional que provoca que en muchas ocasiones que el que lo vive, se despersonalice de su propio cuerpo, así comienza a disminuir su vida afectiva a causa del introyecto de la sociedad: "sólo es aceptado y amado el que posee la belleza física"; entonces se encuentra con un doble dolor: el deterioro de su apariencia física y el pensar y sentir que ya no va a ser aceptado ni amado; así comienza a separarse afectivamente de quien ama antes de que lo abandonen; no se gusta a sí mismo y cree no gustar a los demás; dice el Dr. Alexander Lowen en su libro Bioenergética que "nadie puede triunfar en la vida estando en conflicto consigo mismo, el esfuerzo por imponerse al cuerpo tiene necesariamente que fracasar".

La pregunta que surge es ¿cómo no imponerse a un cuerpo deteriorado y que el paciente siente que ya no es suyo, porque a fuerza de verlo, cuidarlo, arreglarlo lo concibió de otra manera y hoy no lo reconoce? La respuesta es: Aceptándolo, una respuesta tan pequeña y tan complicada.

¿Por qué es tan difícil la aceptación de un cuerpo deteriorado o mutilado? Santo Tomás de Aquino en sus "Reflexiones en torno a la relación alma y cuerpo" dice que: "cuerpo y alma son substancias incompletas, con dignidad diferente que al unirse forman substancias"; y en "Suma contra gentiles" agrega: "el alma tiene más dignidad que el cuerpo, ya que puede existir y actuar independientemente de él. Pero no sólo entre el alma y el cuerpo hay grados de dignidad, también la encontramos en el mismo cuerpo. Por ejemplo vale más el corazón que una uña; tiene más dignidad el ojo que el pelo; más todos los elementos unidos y funcionando de consuno hacen aparecer una substancia completa".

La dificultad de aceptar así el cuerpo radica en la incompletud y en la dignidad que se perdió. Así podemos hablar de la dignidad de un seno amputado, una matriz extirpada en una mujer; ella, que algún día contempló y palpo cómo crecían sus senos y junto con su crecimiento se sintió mujer, más adelante quizás formó pareja sintió el gozo del encuentro pero aparte el gozo de reconocerse totalmente como mujer frente a un hombre, más adelante quizás tuvo hijos y sus senos sirvieron para alimentarlos y se sintió y se reconoció como madre. Y con la matriz sucede algo parecido. ¿Cuánta dignidad hay en un seno y en una matriz? inada menos que la que los posee, gracias a ellos pueda reconocerse como mujer y como madre!

A veces con qué facilidad y con que frialdad algunos médicos les informan a las mujeres junto con el diagnóstico de cáncer: "mañana le hacemos una mastectomía o mañana extirpamos la matriz, porque ¡Urge!", sin una preparación psicológica que deja a la mujer sumida en la más absoluta devastación física, moral y psicológica.

Aparte de padecer serios estados de ansiedad prequirúrgica y posquirúrgica por no haber sido preparadas las pacientes no quieren volver a ser tocadas por sus parejas porque junto con la amputación física les arrancaron su dignidad de mujer.

*Comentario:

Por cuerpos que no se aceptan hay tantas cirugías plásticas, promiscuidad, enfermedades, obesidad, y un mega etcétera. No todos nacemos con un cuerpo potencialmente con la belleza estandarizada en la sociedad, sin embargo, le podemos sacar el máximo provecho con ejercicios, deportes, dietas, higiene, salud, y otro mega etcétera. Desgraciadamente, no es mera cuestión de voluntad conciente, están escondidos motivos inconscientes, traumáticos y a veces hasta transgeneracionales. Y como no es tan fácil el cambio, una alternativa importantísima es la psicoterapia.

114

20.- FUNDAMENTOS DE EMDR.

Autora: Francine Shapiro.

Sólo cuando un suceso del pasado aún no ha sido resuelto, éste deberá ser enfocado durante un tratamiento. En la mayor parte de los casos, se puede detectar la existencia de material aún no resuelto cuando un cliente padece en la actualidad un significativo nivel de perturbación emocional.

Al hacer que la cliente evalúe su propia perturbación emocional, empleando

para ello la Escala USP, el clínico puede determinar cuáles recuerdos deberán ser enfocados por el tratamiento. Cuando se proyecta un plan de tratamiento para un cliente dado, los clínicos pueden aislar la creencia negativa dominante, tal como la cognición que reza: "Seré abandonado" y pedir al cliente que rememore recuerdos tempranos sobre cualquier suceso relativo que alcance una calificación de 5 o más puntos en la Escala USP. Éstos se convierten en excelentes blancos para iniciar el procesamiento.

El clínico deberá mostrarse cuidadoso al determinar cuál emoción está calificando el cliente. Los clientes que caen en un estado de confusión y que reportan emociones positivas en la Escala USP, deberán recordar que la escala es empleada para evaluar únicamente emociones perturbadoras. Pueden surgir toda una variedad de emociones durante el procesamiento. Por lo mismo, resulta importante que sea el cliente quien nombre la emoción. Además, un cliente que use la Escala USP puede reportar que no ha habido ningún cambio en la intensidad de la perturbación cuando, de hecho, la emoción se ha transformado cualitativamente.

Por ejemplo, el enojo puede haberse convertido en dolor, pero es posible que el cliente le aplique la misma calificación USP anterior. El clínico necesita saber cuál es la emoción que está siendo calificada, con el fin de dar las respuestas y el apoyo apropiados y para asegurar que el procesamiento se esté llevando a cabo.

LAS SENSACIONES FÍSICAS.

La experiencia clínica indica que las sensaciones físicas que se generan cuando los clientes se concentran en un recuerdo traumático constituyen puntos focales que resultan muy útiles para el tratamiento. Dichas sensaciones pueden estar asociadas con una tensión emocional, tales como la rigidez de los músculos del cuello o el aceleramiento del ritmo cardiaco. Otras sensaciones físicas posiblemente formen parte de la experiencia sensorial del trauma que constituye el blanco del tratamiento, como sentir el apretón de la mano del atacante. Las sensaciones físicas pronunciadas se asocian también con cogniciones negativas. Por lo tanto, no se considera que la sesión EMDR se ha completado sino hasta que hayan sido reprocesadas apropiadamente todas las sensaciones físicas generadas por pensamientos vinculados con el trauma. Al final del tratamiento, al explorar el cliente su propio cuerpo seguramente se revelará que no existe ninguna tensión residual o que ya no persisten sensaciones físicas atípicas.

CÓMO ACTIVAR EL SISTEMA DE PROCESAMIENTO DE LA INFORMACIÓN

El sistema inherente de procesamiento de la información del cliente puede ser activado por medio de procedimientos EMDR y gracias al empleo de movimientos oculares dirigidos o de formas alternativas de estimulación, como golpeteos, palmadas o sonidos. Ya que son muy variables las preferencias de los diversos clientes, los clínicos deberán familiarizarse con las tres formas.

MOVIMIENTOS OCULARES.

Como veremos, existen varios tipos de movimientos oculares que pueden usarse en un tratamiento EMDR. La labor del clínico consiste en usar el tipo de movimiento que se ajuste mejor a las necesidades del cliente. Esto incluye asegurar la comodidad del cliente respecto a los movimientos oculares mismos. En ningún momento debe el clínico continuar con el tratamiento si el cliente reporta dolor ocular, resequedad o un estado de ansiedad ocasionado por el procedimiento mismo. Por ejemplo, algunos clientes reportan fuertes asociaciones entre la mano del clínico que se desplaza de un lado a otro y los recuerdos de haber sido golpeados en el rostro por su madre o su padre. En dicho caso, el clínico deberá preferir el uso de golpeteos o palmadas o estímulos auditivos, en vez de movimientos oculares dirigidos.

El objetivo del clínico es generar movimientos oculares de un extremo al otro del campo de visión del cliente. Este movimiento bilateral pleno se realiza tan rápidamente como sea posible, sin ocasionar incomodidad. Como punto focal, el clínico deberá emplear dos o más dedos. Esta técnica permite que el cliente pueda rastrear los dedos sin tener que enfocar su vista en un objeto pequeño y sin experimentar las asociaciones negativas que podrían obtenerse por el movimiento de un solo dedo índice (por ejemplo, los recuerdos de haber sido regañado por un adulto que sostiene amenazadoramente su dedo índice). El clínico también podrá usar un bolígrafo, una regla o cualquier otro objeto que sirva para y dirigir los movimientos oculares del cliente. Sin embargo, los dos dedos cumplen su función cabalmente y muchos clientes los prefieren, ya que ofrecen una experiencia más interpersonal.

Típicamente, el clínico sostiene dos dedos hacia arriba, con la palma hacia el cliente, a una distancia aproximada de 30 a 34 centímetros del rostro del cliente. Luego se pregunta al cliente: "¿Se siente cómodo?" Si la respuesta €s negativa, el clínico deberá determinar la colocación y la distancia a la cual el cliente se siente más cómodo. El clínico luego demuestra la dirección de los movimientos oculares al desplazar sus dedos lentamente en dirección horizontal, desde la extrema derecha hasta la extrema izquierda (o viceversa) del campo de visión del cliente, a una distancia de por lo menos 30 centímetros. El clínico deberá evaluar la capacidad del cliente para rastrear con la vista el desplazamiento de los dedos al iniciar dicho movimiento de manera lenta y luego acelerando el ritmo hasta obtener un movimiento máximo que pueda ser sostenido con toda comodidad. Los clínicos han reportado que la mayoría de los clientes prefieren una velocidad acelerada, aunque bien es cierto que otros clientes se sienten más cómodos cuando se emplea un movimiento más lento. Durante esta fase de prueba, muchos clínicos piden al cliente que reporten cualquier preferencia relativa a la velocidad, la distancia, la altura, etcétera, antes de concentrarse ambos en el material emocionalmente perturbador.

*Comentario:

En esta página que fue elegida «al azar», se observan varios elementos relevantes en el proceso de EMDR. Mencionaré el «*body scan*» o chequeo corporal que el consultante tiene que realizar para cerciorarse que no existen residuos de sensaciones físicas asociadas al trauma trabajado.

Este libro, el fundamental de Francine Shapiro, yo creo que me llegó de una manera muy especial, como un regalo de Alguien. Porque no creo en las casualidades, como no fue casual ese viaje a Guadalajara en 2004 donde conocí por primera vez el EMDR en un Congreso y me deslumbró, para dos días después ver y comprar el libro en mi ciudad, otra causalidad. Lo que pasó desde ese día hasta hoy es una larga historia, positiva.

21.- PERRO MANDÓN Y PERRO MANDADO.

Autor: Claudio Naranjo.

En este asunto, como en otros, el punto de vista de la terapia gestáltica es que la conciencia es suficiente. O mejor aún: la conciencia y la orientación, siendo esta última un aspecto de la conciencia misma. Si tenemos un concepto de lo deseado y sabemos donde estamos, eso es todo lo que necesitamos para que nuestros movimientos vayan en la dirección deseada. Tal vez una buena analogía sea aquella del niño que aprende a caminar o a trepar. Las advertencias de peligro y las críticas, aunque sean precisas, lo único que conseguirán es distraerlo de su tarea y ponerlo tenso. Si tal "ayuda" es crónica, lo hará menos seguro y no más diestro. De la misma forma como el adulto, al sobreproteger al niño, está desconfiando en el potencial de aprendizaje y desarrollo de éste, nosotros, en nuestra auto-manipulación, ya sea mediante el culpar o el presionar, perdemos la confianza en nuestro organismo sicofísico.

Cuando la terapia gestáltica dice que es innecesario "empujar el río" (en la forma de tratar o esforzarse), no está diciendo que la *conciencia de las limitaciones* sea la expresión de un debeísmo irrelevante. Por el contrario, sólo es posible tener una apreciación realista de donde estamos en términos de nuestros objetivos o ideales, cuando nuestra evaluación no se basa en el juego auto-castigador o en las defensas contrarrestantes. El mecanismo de descalificación en que invertimos tantas energías, es totalmente distinto de la percepción serena de nuestros fracasos y limitaciones, al igual que el odio hacia los demás difiere del amor realista.

La misma actitud hacia los auto-fracasos se puede personificar mejor en el caso de un buen profesor de alguna disciplina concreta. "Eso fue demasiado alto", dirá un entrenador de tenis. "Eso estuvo bien". "No te preparaste a tiempo esta vez". "Podrías relajar el hombro un poco más".

Todas éstas son afirmaciones sobre hechos, no declaraciones morales. Dan por sentado que el alumno quiere utilizar estas *observaciones*. El profesor no ejerce coerción sobre él ni lo controla. No le exige que mejore, sino que sirva a su deseo.

Lo que en terapia gestáltica se llama mandón, es lo opuesto: el mandón impone sus deseos sobre el mandado, lo manipula, lo controla.

Sería demasiado simple —más bien simplista— decir que el mandón es algo que hay que eliminar por ser disfuncional. Creo que la actitud de la terapia gestáltica está mejor expresada en la observación de que el mandón debe ser asimilado. Su control "colaborador" el mandado, para mantenerlo en el camino de lo correcto, puede ser visto como una proyección de los propios deseos del mandado. El "deber", cuando es vivenciado como un debiera, es una instancia de responsabilidad desheredada. "Mi deber hace que yo" ha tomado el lugar de "Yo elijo"; "Yo debo" en vez de "Yo quiero". Cuando empujamos el río, lo hacemos con la energía del río. El río de nuestra vida juega un mal juego consigo mismo, empujándose en lugar de fluir.

*Comentario:

Hay que fluir en el río a través de la barca de nuestra conciencia, o nadando, con mis impulsos y energía. También puedo fluir con el río simplemente observándolo, relajándome, o pescando en él.

El perro mandón y el perro mandado, como polos de conciencia de nuestro mundo, y en constante interacción, necesitan llegar a acuerdos, estar en sintonía, para no conflictuar al sí mismo en su funcionamiento cotidiano.

22.- TRAUMA EN LO HISTÉRICO

Autor: Robert Dilts.

Freud acuñó el término *"fijación"* para describir "las paradas" en la historia personal de un individuo en las cuales había habido un *"arresto en un impulso componente en una etapa anterior"*. Tal 'fijación' sería causada o formada por ciertas experiencias en la vida de la persona (tales como la separación de Da Vinci de su madre biológica a una edad temprana). Más tarde en su vida, el individuo podría "regresar" a estas experiencias en ciertas situaciones o bajo ciertas condiciones. Según Freud, *"mientras más fuertes sean las fijaciones en el camino del desarrollo, más fácilmente se rendirá la función ante los obstáculos externos, regresando a esas fijaciones..."*

Entonces, desde la perspectiva de Freud, tanto síntomas como resistencias, eran frecuentemente resultado de causas precipitatorias relacionadas a experiencias tempranas significativas en las cuales se había establecido una "fijación". Por ejemplo, en su clásico estudio sobre la histeria (con Joseph Breuer, 1895) Freud afirmaba que:

En neurosis traumáticas, la causa operativa de la enfermedad no es el trivial daño físico, sino el efecto del miedo —el trauma físico. De una manera análoga, nuestras investigaciones revelan para muchos, si no es que para la mayoría, síntomas histéricos, causas precipitatorias, que sólo pueden ser descritos como traumas físicos... En el caso de la histeria común, no sucede con frecuencia que encontremos, en lugar de un gran y único trauma, un gran número de traumas parciales que conforman un grupo de causas provocatorias.

Freud creía que, para la gente que exhibía síntomas "neuróticos" o "histéricos", un "trauma físico" o un grupo de "traumas parciales" establecidos por ciertos eventos de su vida, habían creado una "fijación" a la cual la persona regresaría bajo ciertas circunstancias. Asegurando que *"los histéricos sufren principalmente por recuerdos"*, Freud sostenía que:

Una persona normal es capaz de producir la desaparición del efecto acompañante a través del proceso de asociación... los recuerdos que se han convertido en determinantes del fenómeno de histeria persisten por largo tiempo con impresionante frescura y la totalidad de su colorido afectivo... estas experiencias están completamente ausentes de la memoria del paciente cuando éste se encuentra en un estado físico normal, o se encuentran solamente presentes de forma altamente resumida.

Lo que Freud esencialmente decía con esto es que la persona tenía una regresión y recordaba el evento en un nivel emocional y fisiológico, pero tenía muy poca, o nula, representación mental de la experiencia. Según Freud, esta situación impedía que la memoria completara su ciclo natural de "corrección asociativa" y bloqueaba la descarga de la afectación emocional.

*Comentario:

Coincido con Dilts cuando, más adelante en este libro, menciona que las observaciones de Freud se acercan mucho a los descubrimientos que en la década de 1990 han hecho en las investigaciones sobre los traumas emocionales, en cuanto al papel preponderante que las estructuras emocionales y fisiológicas tienen en un trauma, lo que cause una ‹regresión› de la persona a esa ‹fijación› que le marcó en su pasado. En los múltiples casos que he atendido sobre traumas emocionales en personas, esta visión de Freud se complementa con las visiones de los contemporáneos Van der Kolk, Levine y otros.

23.- DEL SALMO 146 EN LA BIBLIA

Autor: Desconocido.

No cifren su confianza en nobles, ni en el hijo del hombre terrestre, a quien no pertenece salvación alguna.

Sale su espíritu, él vuelve a su suelo, en ese día de veras perecen sus pensamientos.

*Comentario: Nadie tiene una salvación al momento de estar viviendo en este planeta, aunque la tenga al morir. Nos guste o no, tendremos que confiar en personas nobles y en las indignas, trascendiendo los juicios que pudieran surgir de quien sea. Mientras vivamos estaremos transitando el suelo, al morir quién sabe si el cielo. Si aterrizamos enraizados, perderemos de momento los pensamientos, sobresaldrán los sentidos, como un buen comienzo del Ciclo Gestalt de una experiencia.

24.- MATEO 26:39, 40 Y 41

Autor: San Mateo.

MATEO 26:39

Y yendo un poco más adelante, cayó sobre su rostro, orando y diciendo: «Padre mío, si es posible, pase de mí esta copa. Sin embargo, no como yo quiero, sino como tú quieres».

*Comentario:

Jesús quiere que se haga la Voluntad del Dios Padre. Muchas veces queremos que Dios nos ponga lo que nosotros queremos, y sin embargo, nos da más bien lo que él quiere, en otras palabras, nos da lo que necesitamos. Lo necesario no siempre coincide con lo que deseamos. El deseo es del ego, lo necesario es lo que nos será útil, lo entendamos o no en ese momento. Como en el cuento donde un pescador desesperado que se estaba hundiendo le pide ayuda a Dios. Rechaza la ayuda de un barco y de un helicóptero, porque creía que Dios mágicamente lo salvaría, sin darse cuenta que Dios estaba tras esos rescatadores del barco y del helicóptero, su egocentrismo no le permitió ver más allá de su ego. Hay que estar atentos y alertas a las «ayudas» que se nos presentan en la vida, porque no necesariamente aparecerán como queremos o como imaginamos. Conocí el caso de una mujer que tenía la habilidad de acumular dinero en las máquinas de casino, desgraciadamente, por no sacar todo o parte del dinero terminaba perdiendo todo. Dinero lo tenía a su alcance, lamentablemente no lo sabía administrar. Y los que no podían acumular dinero en las máquinas del casino pensaban: «¡Cómo quisiera tener su suerte para yo sí aprovechar y sacar el dinero!».

Si la copa de la que habla Jesús la interpretamos como el estado emocional, como lo hacen en el Tarot, nos daremos cuenta que a través de la oración podemos contribuir a manejar nuestras emociones, pidiéndole a nuestra Madre y Padre divinos que nos ayuden a combatir nuestros egos.

MATEO 26:40
Y se acercó a los discípulos y los halló durmiendo, y dijo a Pedro: ¿No pudieron siquiera mantenerse alerta una hora conmigo?

MATEO 26:41
Manténgase alerta y oren de continuo, para que no entren de tentación. El espíritu, por supuesto, está pronto, pero la carne es débil.

*Comentario:
Mantenerse alerta es estar en guardia con nuestros egos que nos pueden secuestrar y hacer caer en errores garrafales si nos descuidamos. Así como en segundos podemos ser objetos de un robo, o en pocos minutos podemos perder a un hijo en una multitud si lo descuidamos, así también podemos ser tentados por las necesidades y deseos sexuales que si nos dejamos llevar por nuestra parte animal no pensante, podemos tropezar con abusos, abulias, violencias, excesos. La carne es débil, no solamente para el sexo, sino también para el daño, a uno mismo y a los demás, la destrucción. El cuerpo es débil si se le abandona, si no se le moviliza. Hay una alerta relajada, que nos ayuda en sentir y elaborar la figura de lo conciente. Esa calma nos prepara, nos infunde fortaleza.
La oración es actividad de un sujeto, es usar toda la mente, todo el corazón y todo el cuerpo. Y si se medita con ello, se estará trascendiendo la tentación nociva.

25.- TAO XXXVI

Autor: Lao Tsé.

Quien quiera contraer algo,
antes debe extenderlo.

Quien quiera debilitar algo,
antes debe fortalecerlo.

Quien quiera destruir algo,
antes debe levantarlo.

Quien quiera obtener algo,
antes debe haberlo dado.

Así es el misterio profundo.

Lo tierno y lo débil
vencen lo duro y lo fuerte.

No debe salir el pez de la profundidad de las aguas.
Ni deben exhibirse los objetos más valiosos del reino.

*Comentario:
Para estar en el Tao, hay que experimentar la ley del péndulo y luego trascenderla. Toda luz tiene su sombra, todo cuerpo la proyecta. Para disfrutar y entender el día, hay que haber pasado por la noche. Somos más enteros cuando descubrimos nuestras cualidades y defectos, sin esconderlos ni negarlos. Estamos en un mundo de dualidades que hay que superar con la tercera opción, la que brinda el Tao, el equilibrio, la completud, la integración, la armonía.

REFERENCIAS DE LAS LECTURAS

LECTURAS ELEGIDAS

1.- MECANISMOS DE PROTECCIÓN EN EL TRANCE.

Libro: Concierto para cuatro cerebros en psicoterapia. Quince años después. Páginas: 16-17. Autora: Teresa Robles. Editorial: Alom, 3ª. edición. País: México. Año: 2005.

Libro: Constelaciones familiares ericksonianas. Una nueva mirada. Páginas: 58-60. Autora: Cecilia Fabre. Editorial: Alom. País: México. Año: 2017.

2.- MOMENTOS PARA INDUCIR EL CAMBIO.

Libro: Constelaciones familiares ericksonianas. Una nueva mirada. Página: 82. Autora: Cecilia Fabre. Editorial: Alom. País: México. Año: 2017.

3.- PENSAMIENTO LENTO Y PENSAMIENTO RÁPIDO.

Libro: Elogio de la lentitud. Páginas: 134-135. Autor: Carl Honoré. Editorial: Bolsillo. País: España. Año: 2006.

4.- EL VACÍO, ASENTIR, CENTRARSE, LA APERTURA.

Libro: La Verdad en movimiento. Páginas: 35-36, 43-44. Autor: Bert Hellinger. Editorial: Alma Lepik. País: Argentina. Año: 2008.

5.-DOBLE VÍNCULO: ¿POSITIVO O NEGATIVO?

Libro: La magia de nuestros disfraces. Páginas: 83-84. Autora: Teresa Robles. Editorial: Alom, 2ª. edición. País: México. Año: 2004.

6.- SUICIDAS, LA PERSPECTIVA INTERACCIONAL POCO ATENDIDA.

Libro: Personas en crisis. Intervenciones terapéuticas estratégicas. Páginas: 261-263. Autores: Diana Sullivan. Luis Everstine. Editorial: Pax. País: México. Año: 2000.

7.- INTROYECCIÓN RELACIONADA CON LA PROYECCIÓN.

Libro: Ejercicios y técnicas creativas de Gestalterapia. Página: 198. Autor: A. Moreau. Editorial: Sirio, 3a. edición. País: España. Año: 2005.

8.- NORMAS GRUPALES.

Libro: Círculo y Centro. El Grupo Gestáltico. Página: 129. Autor: Francisco Peñarrubia. Editorial: La Llave. País: España. Año: 2014.

9.- EL FUTURO DE NUESTRA MENTE.

Libro: El futuro de nuestra mente. El reto científico para entender, mejorar y fortalecer nuestra mente. Páginas: 39-40. Autor: Michio Kaku. Editorial: Debate. País: España. Año: 2014.

10.- NUESTRA CARA OCULTA.

Libro: Nuestra cara oculta. Integración de la sombra y unificación personal. Página: 78. Autor: Enrique Martínez Lozano. Editorial: Narcea. País: España. Año: 2005.

11.- COMO PARA RESPIRAR.

Libro: Aplícate el cuento. Cuentos de ecología emocional para despertar adultos. Páginas: 99-100. Autores: Jaume Soler. Mercé Conangla. Editorial: Amat, 3a. edición. País: España. Año: 2014.

12.- RESPIRACIÓN Y TRAUMA.

Libro: Configuraciones Corporales. Página: 40. Autora: Luz Rodríguez. Editorial: sin dato. País: sin dato. Año: 2017. Recuperado de KDP.

13.- POLARIDAD DE SENSACIONES.

Libro: Transformación profunda. Páginas: 82-83. Autor: Gabriel Guerrero. Editorial: Khaos, 2ª. edición. País: México. Año: 2003.

14.- NIVEL DE SENSUALIDAD.

Libro: Libre como el águila. Página: 31. Autor: Helmut Krusche. Editorial: Sirio. País: España. Año: 2003.

15.- EJERCICIO: PROCEDIMIENTO DE PAZ PERSONAL.

Libro: El Minimanual EFT. (Emotional Freedom Techniques) Técnicas de Liberación Emocional. Páginas: 43-44. Autores: Gary Craig y otros. Editorial: Energy Psychology Press. País: U.S.A. Año: 2010.

16.- CONSEJO DE AUTOCOACHING: GESTIÓN DE LAS EMOCIONES A TRAVÉS DEL TRABAJO CON UNA PARTE DE LA PERSONALIDAD.

Libro: Coaching Wingwave. Páginas: 188-189. Autores: Cora Besser-Siegmund. Harry Siegmund. Editorial: Rigden institut gestalt.

País: España. Año: 2010.

17.- LOS DOS LADOS DEL PAYASO.
Libro: La Gestalt. Una Terapia de contacto. Páginas: 260-261. Autores: Serge Ginger y Anne Ginger. Editorial: Manual Moderno País: México. Año: 1993.

18.- ENRAIZADOS, APARTARSE Y EL GUERRERO.
Libro: Plenitud. La mirada del Nahual. Páginas: 26, 73 y 90. Autor: Bert Hellinger. Editorial: CUDEC. País: México. Año: 2010.

19.- LOS PROS Y PELIGROS DE LOS GUIONES DE EFT TAPPING.
Autor: Gary y Tina Craig. Url: https://www.emofree.com/es/eft-tutorial-es/tapping-basics-es/scripts-es.html

20.- EL DOLOR EMOCIONAL Y FÍSICO.
Libro: La Solución Tapping. Un sistema revolucionario para deshacerte de tus miedos y tus límites. Páginas: 56-57. Autor: Nick Ortner. Editorial: Grijalbo, edición digital. País: México. Año: 2014.

21.- TEST DE VERIFICACIÓN MUSCULAR.
Libro: Terapias de Avanzada. Vol. I y II. Páginas: 36-37. Autores: Pablo Solvey y Raquel Ferrazano de Solvey. Editorial: RV, 2ª. edición. País: Argentina. Año: 2008.

22.- EL HEMISFERIO CEREBRAL MÁS TRAUMATIZADO.
Libro: Terapias de Avanzada. Vol. I y II. Página: 50. Autores: Pablo Solvey y Raquel Ferrazano de Solvey. Editorial: RV, 2ª. edición. País: Argentina. Año: 2008.

23.- LA ALARMA DESCONTROLADA.
Libro: Coaching Wingwave. Página: 45. Autores: Cora Besser-Siegmund. Harry Siegmund. Editorial: Rigden institut gestalt. País: España. Año: 2010.

24.- LOS ACUPUNTOS.
Libro: Terapias de Avanzada. Vol. I y II. Página: 61. Autores: Pablo Solvey y Raquel Ferrazano de Solvey. Editorial: RV, 2ª. edición. País: Argentina. Año: 2008.

25.- 26 ESTRATEGIAS PROVOCACTIVAS.
Libro: Coaching Provocactivo. Páginas: 128-130. Autor: Dr. Ángel Briones. Editorial: Primento y Mestas. País: España. Año: 2016.

26.- CREENCIAS Y SUBMODALIDADES.

Libro: Diseña tu destino. Páginas: 99-101. Autor: Gabriel Guerrero. Editorial: Khaos, 1ª. edición. País: México. Año: 2004.

LECTURAS AL AZAR

1.- LA HUMILDAD.

Libro: Secretos de familia. Constelaciones familiares: nuevas soluciones para fortalecer tu vida. Páginas: 98-99. Autores: Dr. Ernesto Lammoglia. Ingaal Robl. Editorial: Grijalbo. País: México. Año: 2008.

2.- ¿CUÁNDO SE ABREN LAS DEFENSAS?

Libro: Psicoterapia Gestalt. Proceso Figura-Fondo. Páginas: 75-76 Autor: Fernando García Licea. Editorial: Manual Moderno, 2a. edición. País: México. Año: 2005.

3.- CONSEJOS A LOS BUSCADORES.

Libro: Los Mensajes de los sabios. Páginas: 229-231. Autor: Brian Weiss. Editorial: B. País: España. Año: 2000.

4.- SENTIDOS Y CREENCIAS.

Libro: Creencias y terapia. Cómo modificar nuestras creencias para recuperar la libertad. Páginas: 96-97. Autor: Christian Fleche. Frank Olivier. Editorial: Selector. País: México. Año: 2010.

5.- SOBRE LA REPARACIÓN.

Libro: Adiós crisis. Páginas: 134-135. Autor: Laura Day. Editorial: Vergara. País: España. Año: 2007.

6.- LA LOCURA.

Libro: La Profundidad natural en el hombre. Páginas: 156-157. Autor: Wilson Van Dusen. Editorial: Cuatro Vientos, 7a. edición. País: Chile. Año: 2003.

7.- LIMPIEZA DE ENERGÍAS NEGATIVAS.

Libro: Entre dos aguas. La experiencia de un médico con las terapias alternativas. Páginas: 154-157. Autor: Dr. Francisco Barnosell. Editorial: Luciérnaga. País: España. Año: 2012. Recuperado de KDP.

8.- TERAPEUTA, PACIENTE, ENFERMEDAD Y LOCURA.

Libro: La Locura lo cura. Manifiesto psicoterapéutico. Páginas: 25-26. Autor: Guillermo Borja. Editorial: La Llave, 3a. edición. País: España. Año: 2004.

9.- SUEÑOS Y EXISTENCIA.

Libro: Sueños y existencia. Páginas: 78-80. Autor: Fritz Perls. Editorial: Cuatro vientos, 12a. edición.. País: Chile. Año: 1998.

10.- IMPORTANCIA DEL PRANAYAMA.

Libro: El Médico Cuántico. Guía de la física cuántica para la salud y la sanación. Páginas: 192-193. Autor: Dr. Amit Goswami. Editorial: Obelisco. País: España. Año: 2008.

11.- MÁS FUERTE QUE EL BUDA.

Libro: El Dedo y la luna. Página: 128. Autor: Alejandro Jodorowsky. Editorial: Obelisco. País: España. Año: 2007.

12.- EL CARÁCTER DEL PADRE.

Libro: La Relación Hurtada. En busca del padre. Páginas: 119-120. Autor: Francisco Peñarrubia. Editorial: Arzalia. País: España. Año: 2017.

13.- NEGATIVA Y CONFRONTACIÓN VENTRALES.

Libro: El Cuerpo habla. Páginas: 114-115. Autores: Joe Navarro. Dr. Marvin Karlins. Editorial: Sirio, 4a. edición. País: España. Año: 2012.

14.- TRABAJAR EL CUERPO Y EMOCIONES.

Libro: Ejercicios de Bionergética. Páginas: 80-81. Autor: Alexander Lowen. Editorial: Sirio, 11a. edición. País: España. Año: 2011.

15.- EL SOMBRERO NEGRO.

Libro: Seis sombreros para pensar. Una guía de pensamiento para gente de acción. Páginas: 92-93. Autor: Edward de Bono. Editorial: Vergara-Granica. País: Argentina. Año: 1992.

16.- COMPLETAR EL PROCESO CON TODAS LAS PARTES.

Libro: La Transformación Esencial. Guía práctica de autodescubrimiento con PNL. Páginas: 126-127. Autores: Connirae & Tamara Andreas. Editorial: Gaia. País: España. Año: 1998.

17.- COMUNICACIÓN CON ADOLESCENTES.

Libro: 100 Trucos para mejorar las relaciones con los adolescentes. Páginas: 29-31. Autor: Danie Beaulieu. Editorial: Mensajero. País: España. Año: 2011.

18.- INVESTIGAR EL PASADO.

Libro: Constelaciones familiares imaginativas con el método Wingwave. Páginas: 100-101. Autores: Cora Besser-Siegmund y Harry Siegmund. Editorial: Rigden institut gestalt. País: España. Año: 2010.

19.- ACEPTACIÓN DE UN CUERPO DETERIORADO.

Libro: Una ventana al cielo. Una luz en el acompañamiento del enfermo terminal. Páginas: 92-93. Autora: Cristina Tena. Editorial: Gospa. País: México. Año: 2000.

20.- FUNDAMENTOS DE EMDR.

Libro: EMDR. Desensibilización y reprocesamiento por medio de movimientos oculares. Páginas: 64-65. Autor: Francine Shapiro. Editorial: Pax. País: México. Año: 2004.

21.- PERRO MANDÓN Y PERRO MANDADO.

Libro: La vieja y novísima Gestalt. Actitud y práctica. Páginas: 72-73. Autor: Claudio Naranjo. Editorial: Cuatro vientos, 4a. edición. País: Chile. Año: 1999.

22.- TRAUMA EN LO HISTÉRICO.

Libro: Estrategias de los Genios. Volumen 3. Páginas: 174-175. Autor: Robert Dilts. Editorial: Mar. País: México. Año: 2013.

23.- SALMO 146.

Libro: Santa Biblia. Nueva Reina-Valera 2000. Página: 546. Autores: varios. Editorial: Sociedad Bíblica Emanuel. País: U.S.A. Año: 2000.

24.- MATEO 26:39, 40 Y 41.

Libro: Santa Biblia. Nueva Reina-Valera 2000. Página: 821. Autores: varios. Editorial: Sociedad Bíblica Emanuel. País: U.S.A. Año: 2000.

25.- TAO XXXVI.

Libro: Tao-Te-King. Página: 48. Autor: Lao-Tsé. Editorial: Prisma. País: México. Año: sin dato.

ACERCA DEL AUTOR

Juan Carlos Martínez Bernal (Colima, México, 13-03-1973). Psicólogo (Licenciatura de 5 años en Universidad de Colima), Terapeuta Gestalt (Maestría en Instituto de Terapia Guestalt Región Occidente INTEGRO Colima 2, 2005-2008, con estudios inconclusos), Diplomado en Constelaciones Familiares (Universidad de Colima-Centro de Soluciones Sistémicas Vinculum Cor S.C. 2007-2008). Además de asistir a conferencias y cursos, junto con el estudio de videos y libros en el aprendizaje autodidacta de elementos de diversas técnicas y enfoques, como Gestalt, EMDR, EFT, Terapias de Energía, PNL, Violencia de Género, Farmacodependencia, y otros más.

La experiencia laboral ha sido desarrollada principalmente en el Centro de Investigación y Seguridad Nacional (CISEN, Secretaría de Gobernación de México); y en el Centro de Reinserción Social (CERESO) de Manzanillo, Colima, México. También, como practicante/voluntario en Centros de Integración Juvenil (CIJ) contra la farmacodependencia; Orientación Vocacional en Universidad de Colima; Docencia en una universidad privada y en 3 Colegios privados.

Activo participante en algunas redes sociales: Twitter (_BERNAL27). Facebook (Juan Carlos Martínez Bernal). Youtube (BERNAL27). Hotmail (BERNAL27000).

Escritor de multitud de artículos divulgativos sobre temas psicológicos y terapéuticos, en webs como www.Mundogestalt.com (2003-2009), y más de 110 posts en Blogger, de 2010 a la fecha (https://Bernal27.blogspot.com).

Autor de otros 10 libros independientes publicados en Amazon:

"1000 TUITS DE BERNAL27", (julio 2019)

"EXÁMENES DE CONTROL Y CONFIANZA. VERDADES Y MENTIRAS", (julio 2019)

"65 POEMAS ERÓTICOS, AMOROSOS Y DE RUPTURAS", (julio 2019)

"SIN CUENTA EXPERIENCIAS TERAPÉUTICAS", (agosto de 2019)

"TÉCNICAS ENERGÉTICAS Y DE INTEGRACIÓN CEREBRAL", (agosto de 2019)

«OTRAS 50 EXPERIENCIAS TERAPÉUTICAS», (septiembre 2019)

"100 INVESTIGACIONES DE EMDR, EFT, CF, PNL Y MÁS", (noviembre 2019)

«MÁS DE 100 ANÉCDOTAS DE BERNAL27», (noviembre 2019)

«POEMAS INSPIRADOS Y ESPIRADOS», (diciembre 2019)

«100 SEMILLAS PARA TI, COLEGA PSICÓLOGO», (enero 2020)

Fuente: https://bernal27.blogspot.com/search?q=mis+obras

Aquí en las tiendas mundiales de Amazon puedes ver y adquirir mis demás libros:

***México:**
https://www.amazon.com.mx/s?k=juan+carlos+martinez
+bernal&__mk_es_MX=%C3%85M%C3%85%C5%BD
%C3%95%C3%91&ref=nb_sb_noss

***España:**
https://www.amazon.es/s?k=juan+carlos+martinez
+bernal&__mk_es_ES=%C3%85M%C3%85%C5%BD
%C3%95%C3%91&ref=nb_sb_noss_2

***Estados Unidos:**
https://www.amazon.com/s?k=juan+carlos+martinez

+bernal&ref=nb_sb_noss

***Brasil:**
https://www.amazon.com.br/s?k=juan+carlos+martinez
+bernal&__mk_pt_BR=%C3%85M%C3%85%C5%BD
%C3%95%C3%91&ref=nb_sb_noss

***Alemania:**
https://www.amazon.de/s?k=juan+carlos+martinez
+bernal&__mk_de_DE=%C3%85M%C3%85%C5%BD
%C3%95%C3%91&ref=nb_sb_noss

***Holanda (Países Bajos):**
https://www.amazon.nl/s?k=juan+carlos+martinez
+bernal&__mk_nl_NL=%C3%85M%C3%85%C5%BD
%C3%95%C3%91&ref=nb_sb_noss

***India:**
https://www.amazon.in/s?k=martinez+bernal&ref=nb_sb_noss

***Japón:**
https://www.amazon.co.jp/s?k=juan+carlos+martinez
+bernal&__mk_ja_JP=%E3%82%AB%E3%82%BF%E3%82%AB
%E3%83%8A&ref=nb_sb_noss

***Reino Unido:**
https://www.amazon.co.uk/s?k=juan+carlos+martinez
+bernal&ref=nb_sb_noss

***Francia:**
https://www.amazon.fr/s?k=juan+carlos+martinez
+bernal&__mk_fr_FR=%C3%85M%C3%85%C5%BD
%C3%95%C3%91&ref=nb_sb_noss

***Italia:**
https://www.amazon.it/s?k=juan+carlos+martinez

+bernal&__mk_it_IT=%C3%85M%C3%85%C5%BD
%C3%95%C3%91&ref=nb_sb_noss

***Canadá:**
https://www.amazon.ca/s?k=juan+carlos+martinez
+bernal&ref=nb_sb_noss

***Australia:**
https://www.amazon.com.au/s?k=juan+carlos+martinez
+bernal&ref=nb_sb_noss

***Página del autor** en Amazon Estados Unidos:
https://www.amazon.com/JUAN-CARLOS-MART%C3%8DNEZ-
BERNAL/e/B07Y7271LJ